Sessão de cinema

O Autor assume a responsabilidade pelo direito de uso de textos e imagens de terceiros.

CIP-BRASIL. CATALOGAÇÃO NA PUBLICAÇÃO
SINDICATO NACIONAL DOS EDITORES DE LIVROS, RJ

M835s   Morè, Pedro
            Sessão de cinema / Pedro Morè. – 1. ed. – Porto Alegre [RS] : AGE, 2023.
            206 p. ; 14x21 cm.

            ISBN 978-65-5863-203-0
            ISBN E-BOOK 978-65-5863-201-6

            1. Brasil – Política e governo – História. 2. Eleições – Brasil – História. 3. Direita e esquerda (Ciência política) – Brasil – História. I. Título.

23-84059   CDD: 320.981
                      CDU: 32(09)(81)

Meri Gleice Rodrigues de Souza – Bibliotecária – CRB-7/6439

Pedro Morè

Sessão de cinema

EDITORA
age

PORTO ALEGRE, 2023

© Pedro Morè, 2023

Capa:
Nathalia Real,
Releitura da colagem de Hans Arp (detalhe) de *Quadriláteros dispostos segundo as leis do acaso*, 1917, coleção do autor.

Diagramação:
Júlia Seixas

Supervisão editorial:
Paulo Flávio Ledur

Editoração eletrônica:
Ledur Serviços Editoriais Ltda.

Organização de originais:
Isabel Sferra

Reservados todos os direitos de publicação à
LEDUR SERVIÇOS EDITORIAIS LTDA.
editoraage@editoraage.com.br
Rua Valparaíso, 285 – Bairro Jardim Botânico
90690-300 – Porto Alegre, RS, Brasil
Fone: (51) 3223-9385 | Whats: (51) 99151-0311
vendas@editoraage.com.br
www.editoraage.com.br

Impresso no Brasil / Printed in Brazil

*Para o Presidente João Goulart e
na sua lembrança a todos os que lutaram pela liberdade.*

Este livro só foi possível graças à dedicação
e à paciência da Isabel Sferra.

Não estamos alegres,
é certo.
Mas também por que razão
haveríamos de ficar tristes?
O mar da história é agitado.
As ameaças e as guerras,
vamos atravessá-las,
rompendo-as ao meio,
cortando-as
como uma quilha corta
as ondas

   Maiakóvski
   (Tradução de Carrera Guerra)

Sumário

Prefácio (*Francisco Marshall*) 13

Esperando as luzes se apagarem 17

FILME 1: A primeira vez que me assassinaram

A tentativa frustrada 25

Referências do Filme 1 63

FILME 2: Nave à deriva

O navio nos trópicos 67

O filme ganha as ruas – A ousadia dos ignorantes 80

Referência do Filme 2 86

FILME 3: Uma vitória nada simples

Paris 93

A verdade e os fatos 115

Referências do Filme 3 120

FILME 4: O arquivo da memória

Na Antica Bottega 125

Personalidades citadas 196

Referências do Filme 4 206

Prefácio

A VIDA COMO NUM FILME

Francisco Marshall,
cinéfilo literato, historiador e arqueólogo

As palavras e imagens passam em um fluxo, e mesclam-se história e memória, os fatos vividos e nossa parte neles: o que aconteceu, e o que lembro, o que foi, o que é e o que poderia ter sido, o país e eu vagando nas ruas da cidade, ontem e hoje, onde ora me vejo, e penso no que fui, no que poderia e desejaria ser e no que precisamos saber destas tramas do tempo e da vida, com afeto e consciência.

É assim que Pedro Morè compõe, com engenho, a trama de *Sessão de cinema*, o tocante livro que tens em mãos. Senta-se em uma poltrona confortável, talvez com a companhia de um cálice de bom vinho, e a leitura inaugura em nossa mente, com as inteligências dadas pelas letras, o fluxo de imagens, as projeções de um olhar sensível e a constituição, em episódios sociais e mentais, de um sujeito histórico denso e lúcido, ciente dos dramas em que vivemos, hábil em pintar quadros e instigar pensamentos.

O bom livro é como música, lê-se e ouve-se com pensamentos, o convite a uma sensibilidade de percepção e introspecção que pode transformar a mente. As páginas são compassos de uma composição, mas também janelas, em que se vê de dentro pra fora e de fora pra dentro, entre as ruas, com o vento levando sacos e folhas e com o eco de dramas micro e macro, e o interior, com a intimidade de quem pondera e expressa com sopro vital, pensativo com a mente e ativo com as teclas e letras. O autor move-se à vitrola, põe um disco, e a cena segue, um drama que evolui cadenciado, urbano, histórico e político mas também íntimo, biográfico e profundamente ético.

Desde o início do século XX, mas especialmente a partir da obra do humanista francês Maurice Halbwachs (1877-1945), debate-se história e memória. Discernindo-se a marca objetiva de uma e o fluxo subjetivo de outra, chegamos mais perto do que são a vida e a consciência histórica. História e memória não se opõem, mas a história precisa determinar os fatos, evidenciar proposições, analisar com coerência teórica e vocabulário adequado, ao passo que a memória, servindo-se da mesma matéria – as experiências pretéritas –, pode seguir outros rumos, percorrer meios livres e atingir muitos outros fins, que incluem uma imagem da história e também as nuances e prazeres da arte, os dons de narrativas poéticas. O livro de Pedro equaciona e resolve este fluxo: é obra de história, pois estão ali corretamente os eventos históricos e sua importância, e ali está também a memória, pois alguém foi ao cinema e viu o fluxo de imagens, compreendeu como o passado foi um conjunto de eventos e agora é uma sessão de memórias.

Que diretores e filmes nos dariam esta tela? Costa-Gravas (1933), e sua sensibilidade dinâmica para o drama político? François Truffaut (1932-1984), e sua fluência em fluxos de memória? Lembre que um dia você foi ao cinema sem ter visto o filme ou até experimentado algo daquele diretor. Pois agora a *Sessão de cinema* começa e terás contigo, nas letras, na retina e na verdadeira tela que é a nossa mente, a chance de ver e saborear o drama de que participamos. E vivemos, com história e memória, com a poética desta bela obra de Pedro Morè.

Esperando as luzes se apagarem

Depois do grande susto da pandemia, era a primeira vez que eu estava num cinema.

O filme prometia. Tratava da ética ou do que sobrara dela, na França, no período da ocupação nazista durante a Segunda Guerra. E do colaboracionismo, da integridade. Do que aconteceu com o poder, com os que têm muito dinheiro, quando o exército alemão derrotou o francês e os nazistas passaram a comandar os dias dos gauleses.

Lembrei como num filme que aqui nós também vivemos, já há algum tempo, uma época de colaboracionismo. Quem sabe mais fácil de suportar, não estávamos invadidos por um exército de outra nação, apesar de muitos acreditarem ser isso apenas um detalhe e que os crimes aqui cometidos teriam sido menos graves.

O nosso, como todas as nossas mazelas, foi dissimulado, quando possível disfarçado, quase sempre negado e muitas vezes, em vã tentativa, justificado. Como foi, é, e provavelmente será ainda por um longo tempo tratada a nossa convivência com o racismo, com a corrupção e com a desigualdade.

Após o cinema, fui jantar. Eu, a Isabel e as minhas lembranças. E tomado pela certeza de que, apesar do progresso, da agitação da modernidade, das luzes e das obras grandiosas, pouco ou nada havia mudado. Mais de meio século passou e estamos praticamente no mesmo lugar. Uns à espera de medidas que, se tomadas, modificariam a infame sorte do nosso povo. Outros, forçando para que qualquer iniciativa, constitucional ou não, democrática ou não, termine com essa esperança. E com certa urgência, antes que seja tarde.

Quando enfim em casa, voltei para os meus tempos na Universidade. De quando eu era membro do diretório da Faculdade. Das palavras de ordem. Das passeatas. Da luta pelas reformas. Dos sonhos. Das derrotas. E, por fim, da escuridão.

E, apesar da inicial negação e da forte resistência, fui tomado pela inequívoca certeza de que eu também fui um colaboracionista. Pelo meu conformismo, pelo meu silêncio, pela minha injustificável omissão. As desculpas encontradas na época dos fatos e depois; que eram todos radicais, que quebraram a hierarquia, que eram corruptos, nos fizeram acreditar que aquilo tudo era inevitável. Na verdade, não passavam de pretextos ridículos, risíveis. Uma grande farsa mentirosa. Como se fosse possível uma democracia pela metade, sem o povo. Como um jogo de cartas marcadas.

E ficou nítida a imagem de que novamente o palco está sendo montado. Com o mesmo cenário, os mesmos figurantes. Agora com novos protagonistas, com muito menor brilho intelectual dos de outrora, mas com as mesmas sinistras intenções.

E eu, como quase todos que estamos na plateia, disposto a aplaudir ou a vaiar. E a pouco, ou quase nada, mais que isso. Bem, agora ando perto dos 80, com os filhos criados e netos. Já cumpri com a minha parte. Mas logo senti que isso é apenas mais uma desculpa.

O mesmo filme está prestes a começar.

FILME 1
A primeira vez que me assassinaram

Quem não conhece a verdade não passa de um tolo, mas quem a conhece e a chama de mentira é um criminoso.

Berthold Brecht

Não sou um grande político, nem mesmo um estadista como o doutor Getúlio. Mas de uma coisa eu não abro mão: a minha dedicação e lealdade aos pequenos, aos deserdados da sorte, aos milhões de brasileiros que vegetam na miséria, maltratados e explorados por essa nossa elite egoísta.

João Goulart em conversa com João Pinheiro, Ministro do Trabalho.

A tentativa frustrada

Este moço simpático, inteligente, bem-falante, da classe alta, da elite do Rio Grande, proprietário de muitas terras, anda se aproximando do povo. É, sem dúvida, um ministro diferente. Recebe a todos, dialoga, compreende as suas dificuldades, tenta resolvê-las. Cometeu o erro imperdoável de dobrar o salário mínimo. E tem outras ideias, propostas. Fala em promover reformas, quer modernizar as relações de trabalho, melhorar as condições de vida dos trabalhadores do campo, levar educação e cultura para cada vez mais brasileiros. Grande parte da população espera que essas ideias sejam postas em prática com urgência. Porém, a unanimidade está longe. A maioria da *sociedade que con-*

ta, das *boas famílias*, dos que não passam fome, forçam para que essa esperança não prospere. Antes que seja tarde.

Para os *donos do Brasil*, este ministro não passa de um demagogo e deve ser demitido. Com essas propostas, está promovendo uma revolta social. Ou, ainda pior, a luta de classes. Precisa ser afastado do ministério o quanto antes ou vai causar ainda maiores problemas. É urgente pressionar os coronéis do PSD e fazer com que Getúlio o demita.

Alguns anos mais tarde, apesar da maldição lacerdista, João Goulart foi candidato. E pior, como não foi esquecido pelo povo, eleito. E graças à renúncia de Jânio Quadros, é de direito o Presidente da República. Mas, conforme a maldição lacerdista, ele não pode assumir. Jango está muito longe, na Ásia. E então é armado um circo ilegal e antidemocrático para impedir a sua posse e a sua volta ao Brasil.

Para isso, o alto comando das nossas Forças Armadas age com rapidez. O Marechal Teixeira Lott já está na reserva e, sentindo-se livres, o Exército, a Marinha e a Aeronáutica, representados pelos seus mais altos comandantes, não permitem a volta do Jango. E, portanto, impedem que ele assuma o cargo para o qual foi democraticamente eleito.

O motivo? Apenas os donos do poder, do dinheiro, *os que contam* não querem. Porque não interessa conscientizar o povo e desenvolver o Brasil. Isto, na opinião deles, pode ser o início do fim da desigualdade, dos privilégios. O fim da exploração do nosso povo.

E usam então as mentiras e a hipocrisia sempre disponíveis. Acusam João Goulart de comunista. Que ele trama ser o líder de uma revolução bolchevique. E com essa desculpa, sempre usada para manter as coisas como estão, para salvar a *democracia*, para salvar a *liberdade*, vão nos entregar uma ditadura. O perigo de uma suposta e inventada ditadura é afastado por outra, esta real, da oligarquia. Passando por cima da Constituição, do povo, das leis. É coisa para quem tem estômago forte e nenhuma consciência.

Não levam em conta a vontade popular, para eles de quase nenhuma importância. Também não se lembram do governador do Rio Grande, que, com exemplar coragem cívica, não aceita as ordens, inconstitucionais e ilegais, dos comandantes militares.

São dias tensos, difíceis, de grande fervor cívico. Não se sabe ao certo como tudo aquilo terminará. Os altos comandos militares usurpando o poder e o povo não aceitando. Em Porto Alegre, a população foi para a frente do Palácio. Se confirmadas as ameaças de ataque ao Piratini, haverá confronto. Desafiando a lógica, a multidão não arreda o pé. Estão dispostos a tudo. O bombardeio aéreo do Palácio Piratini foi evitado pela ação de alguns oficiais e sargentos da Aeronáutica, que não acatam as ordens vindas de Brasília. E o governador Brizola, em cadeia de rádio, afirma que é preferível uma morte digna a viver sem honra.

No centro do país começam as reuniões para se encontrar uma saída. O alto comando não pode recuar; seria admitir uma derrota, e o uso da força não é mais uma opção considerada. Não é possível prever o que aconteceria. E não apenas em Porto Alegre. Mesmo vitoriosos, os comandantes militares seriam responsabilizados pelas mortes. E será que os soldados abrirão fogo contra a multidão? Contra seus amigos, seus irmãos? Com certeza estão todos lá.

E a reação internacional, como será? Afinal o povo quer apenas que se cumpra a lei, que se respeite a Constituição. Não há nada para justificar a atitude da cúpula militar a não ser a certeza de que João Goulart cumprirá as promessas de campanha. E isso é inaceitável.

Como sempre ocorre no Brasil, ou quase, chegou-se a uma proposta intermediária, conciliadora. Na linha da maldição lacerdista – Jango assume a presidência, mas não o governo. Este será parlamentarista. A responsabilidade de governar será do parlamento. Fica assim afastado o perigo das reformas, e tudo continuará como sempre. E a vontade popular, mais uma vez, desrespeitada.

Contudo, João Goulart precisa aceitar. Tancredo Neves é o portador da proposta, que Jango aceita com forte oposição do governador Leonel Brizola, que sabe ser aquilo tudo apenas mais um golpe.

O advogado e estancieiro João Goulart, que teve Getúlio Vargas como mestre na política, sempre foi um conciliador. E forjado no silêncio do pampa gaúcho, nas suas infinitas planícies e suaves coxilhas, Jango aprendeu a ter paciência e a suportar a reação dos poderosos. Sabe que não será fácil romper a armadura conservadora das classes que dominam a nação.

Como vice-presidente no governo anterior, de Juscelino Kubitschek, governo que só assumiu graças ao posicionamento forte do marechal Teixeira Lott, que impediu o golpe, conhece muito bem os temores e o caráter golpista, nada democrático, de grande parte da classe política e de alguns setores militares.

Aceitar o parlamentarismo será mais um passo para a possibilidade de poder intervir no governo e fazer avançar as reformas. Tem consciência de que dispõe dos votos e acredita ser este um fator importante e que será levado em conta. Ainda não imagina o que as forças que se reagrupam contra ele são capazes para fantasiar de democracia a ditadura que tramam e que naqueles dias já está tomando forma.

Nós, na plateia, aceitamos, apesar do amargo gosto da derrota, e continuamos a luta política como estávamos fazendo até então.

O governo

Um dia eu lhe comentei que me impressionava o caráter dinâmico do seu governo – o despertar das massas populares e das raízes culturais, os programas de reformas, a visão de desenvolvimento autônomo, de soberania e independência nacional e as ideias de Paulo Freire sobre educação, que formariam um cidadão consciente, alfabetizado e integrado à sociedade.[1]

Com Tancredo Neves como Primeiro-Ministro, Jango inicia as negociações que nos levam ao plebiscito de janeiro de 1963. O resultado do plebiscito é uma grande derrota, travestida de vitória, para os que esperam a normalidade democrática como o sinal que dará início às negociações que nos trarão as reformas necessárias e inadiáveis para o desenvolvimento do Brasil e do seu povo.

O presidencialismo, vitorioso por grande maioria (83% dos votos são contrários ao parlamentarismo), é derrotado pelos golpistas logo adiante e sepultado pela ditadura em março de 1964.

---

[1] TAVARES, Flávio. *Memórias do esquecimento:* os segredos da ditadura. Porto Alegre: L&PM Editores, 2012.

Quem sabe se tivéssemos confirmado o parlamentarismo, mudando por dentro o parlamento, com maior número de parlamentares reformistas, teria sido possível passar sem a tragédia do arbítrio? Ou adiá-la? Quem sabe? O aumento do número de parlamentares identificados com a esquerda do PTB e a menor influência do PSD, a cada eleição, levaria o processo político para o mesmo enfrentamento, algum tempo mais tarde? Não teríamos como escapar do que aconteceu em toda a América Latina. Seríamos levados a um governo autoritário? Alinhado ao imperialismo americano? Seria possível seguir um caminho democrático?

O que passou no mundo nos mostra que o medo da perda dos seus privilégios e do seu poder leva grande parte da burguesia e dos partidos que a representam a apoiar o fascismo retrógrado da extrema direita. Na Alemanha foi assim. Para impedir o avanço do SPD, maior a cada eleição, valia tudo. Inclusive entregar o poder para um vulgar rufião desempregado semianalfabeto, que terminou por levar a Alemanha ao caos total, econômico, humano e moral. Na Espanha, os reacionários apelaram para as forças das armas e, depois de uma guerra civil com mais de meio milhão de mortos, onde a oligarquia contou com apoio dos exércitos fascistas da Alemanha e da Itália, derrotam o governo democrático eleito pelo povo em eleições livres. Por que aqui será diferente? É necessária uma iniciativa golpista com urgência. E a vitória do presidencialismo, com

Presidente João Goulart.

a chegada de João Goulart ao governo, proporciona a desculpa.

Saí cedo naquela manhã de janeiro. Morava perto da faculdade, no centro, e, caminhando pela cidade, notei que seria grande o comparecimento às urnas. Encontrei-me com alguns amigos e ficamos comentando a provável vitória, seguros de que agora sim nossas políticas seriam implantadas.

No almoço, naquele restaurante em que habitualmente nos reuníamos (e que lamentavelmente fechou suas portas pelos anos 2000), a vitória já é comemorada. Não imaginávamos que, breve tempo depois, muitos dos que lá estavam terão que partir para o exílio, alguns para a luta armada e a maioria, entre os quais me incluo, conformados com as inúmeras desculpas disponíveis, encontrar as explicações que justificaram a nossa covarde omissão. E nos tornamos colaboracionistas.

Quando Jango forma o governo, pela escolha dos ministros é possível notar que as reformas caminhariam devagar. Quase todos os ministros são centristas. Moreira Salles, Carvalho Pinto, Afonso Arinos, Amaury Kruel, Franco Montoro, José Herminio de Moraes, San Tiago Dantas, Celso Furtado, Eliseo Paglioli. Mais tarde compreendemos que foi uma medida cautelosa; Jango continua o mesmo. Ele com certeza sabe da força dos que se opunham a uma melhora nas condições de vida da maioria da população e do que essas forças são capazes para manter o poder nas suas mãos.

Nós, ao contrário, exigimos mais rapidez, urgência, levando em conta apenas as condições miseráveis, inaceitáveis, de vida de grande parte de nosso povo. Contávamos com importantes aliados, o governador de Pernambuco, Arraes, e o governador do Rio Grande, Brizola, o maior deles. Este acaba de lançar-se candidato a presidente e tem grande possibilidade de vencer a próxima eleição. Não contávamos que os que se opunham a esses avanços não vão nem mesmo correr esse risco.

O governo de João Goulart será então uma passagem preparatória. Venceremos, sem dúvida, as eleições que não tardarão. E com maioria no Congresso, as reformas e políticas públicas que são, não só necessárias, mas inadiáveis, irão por fim avançar.

É só saber esperar.

A reação

O Presidente tenta levar o governo adiante. Contra toda a pressão da banda de música da UDN (parte dos parlamentares deste partido que são declaradamente golpistas), do IBAD (organização de empresários e de altas patentes militares, antidemocrática, mantida com verbas do governo americano), de grande parte do Exército e da imprensa do centro do país, onde apenas a *Última Hora* está ao lado do governo, que abertamente apoiam e pregam a queda do governo por meios não democráticos. A escolha de ministros quase todos centristas e uma política conciliadora, nada radical, não é suficiente para aplacar o ânimo dos golpistas.

Para eles é necessário evitar as eleições. Não só a próxima. As próximas. Dar um basta ao avanço das ideias socialistas que estavam levando a Europa a níveis de bem-estar econômico jamais vistos. Vão mascarar a democracia, transformá-la numa farsa, para continuarem indefinidamente com seu projeto de exclusão social, de desigualdade e de exploração econômica do nosso povo.

Para isso são hábeis e obtêm relativo sucesso. Proporcionam-nos décadas de pobreza, miséria e fome. Terão à disposição vários expedientes, todos antidemocráticos e antipatrióticos, com o único objetivo de subverter a vontade popular e de se perpetuarem no poder. Esses *procedimentos* serão usados quando necessário. Alguns perdurarão no tempo e impedirão a real representação da vontade popular nos locais de poder.

Um arsenal de medidas, todas antipopulares e ditatoriais, serão, então, criadas, inventadas e quando necessário usadas (para manter a maioria das casas do Congresso nas mãos do regime). E com isso criar uma nebulosa e falsa aparência de democracia para não mostrar o que realmente é. E assim vamos conviver com décadas de parlamentares cassados, senadores biônicos, eleições indiretas em diversos níveis do Poder Executivo, máxima representação por Estado, mínima representação por Estado (causando desproporcional representação da população). O fim da máxima democrática, – um eleitor, um voto.

Entretanto, com isso tudo ainda não divulgado, continuávamos com nossos afazeres, sem imaginar a tragédia que está cada dia mais próxima.

O golpe

Bem antes do que foi possível prever, com a força das armas e do arbítrio, esse dia chegou, fantasiado de legalidade e com o apoio da *gente de bem*, das *mulheres em Marcha com Deus pela Família* e de grande parte das Forças Armadas, que serviam aos interesses da oligarquia e do imperialismo americano, muito mais que os do povo. E fomos nos conformando a cada golpe, a cada pequena velhacaria, a cada criminosa lei antidemocrática que os *donos do Brasil* iam cometendo, sem nenhum pudor.

O presidente do Senado, Aureo de Moura Andrade, declarou vago o cargo de presidente, uma evidente farsa, já que João Goulart se encontrava em Porto Alegre e com o apoio da maioria do Congresso, nesta altura dos acontecimentos já comprometida com os golpistas, nomeou o deputado Mazzilli, então presidente da Câmara, presidente da Nação, até novas eleições, que seriam convocadas dentro de 30 dias. A partir daí começaram uma sucessão de Atos Institucionais que nos entregaram uma ditadura de 25 anos e que com algumas leis, antidemocráticas, perdura até hoje.

O presidente Goulart, sabendo da movimentação dos generais golpistas e da disposição de muitos para a luta armada e informado da provável intervenção militar dos Estados Unidos, solicitada pela ala golpista das Forças Armadas, e já a caminho do Atlântico Sul com cruzadores, porta-aviões, combustível, aviões de caça e marines, prevendo a quantidade de mortos e a fratura da nossa sociedade se envolvida numa guerra civil, resolve deixar o país e exilar-se em Montevidéu. O poder, o governo da força, ilegal e elitista, agora está nas mãos dos militares.

Nas palavras de Darcy Ribeiro,

> a ditadura quebrou na classe média o nervo ético e o sentimento cívico, levando enorme parcela da nossa melhor juventude ao deslumbramento vulgar, à apatia e ao conformismo. Uma geração de estadistas deixou de ser formada, abrindo espaço para inúmeros vigaristas grosseiros e fascistas incultos.

Depois, diplomado, fui trabalhar numa empresa multinacional e fiquei distante da *realidade* e perto dos dados que chegavam ao meu conhecimento, estes sempre com a devida aprovação do governo. Isso não é, em absoluto, uma desculpa. Considero-me culpado, assim como muitos da minha geração. Deveria saber. Poderia ter visto. Estava tudo abaixo dos meus olhos. Enquanto a história passava ao meu lado, com toda a sua miséria e horror, meus desafios, a sobrevivência cotidiana, meus objetivos, a competição imposta, permitiram a minha miopia, permitiam não participar. E justificavam a minha omissão.

Enquanto isso o Brasil *crescia*. Entre 1968 e 1972 nosso PIB cresceu em média 9%, sendo que em 1972 crescemos 11,9%, a maior taxa de todos os tempos. Esse crescimento foi conseguido com o congelamento dos salários, com o nosso operariado impedido por lei de fazer greve, com indecente aumento da desigualdade social, brutal crescimento da nossa dívida externa e da grande dependência do Brasil ao capital estrangeiro.

Foi também por essa época, a do *milagre econômico*, que Delfin Neto, o mago da economia do regime militar, declarou que era necessário fazer o bolo crescer para depois reparti-lo. Os pobres esperam até hoje, passado quase meio século, a sua parte do bolo. Também nossos atentos economistas liberais colocaram em prática nessa época a ferramenta econômica chamada de *correção monetária*. Essa ferramenta, ao corrigir todos os ativos que são indexados diariamente, faz com que, *milagre*, os ricos não sintam os efeitos catastróficos da inflação. E os pobres? Ah os pobres... quem se importava com eles está no exílio ou na prisão.

Com a inflação nas alturas, que massacrava nosso povo mais pobre, chegamos nesse período ao estratosférico índice mensal de inflação acima de 80%, passamos a depender de empréstimos, sempre *desinteressados*, do FMI e de empréstimos-ponte de nossos credores internacionais. E com as nossas periferias cada vez mais miseráveis, a pobreza indigente cada dia maior, a péssima instrução da nossa juventude e a fome ameaçando grande parte da nossa população. Lembrem que o risco de uma inflação de 25% anual (não mensal) foi uma das justificativas para derrubar o governo de João Goulart.

Na criminosa tentativa de calar o nosso povo, de mantê-lo o mais alienado possível, continuavam também os assassinatos, as torturas. O Estado brasileiro contra o povo. Sem justificativa. Não se tratava da guerra armada, de militantes democráticos contra o regime. Matava-se por um sentimento, por opinião. Foi quando tentaram transformar em suicidas o jornalista Vladimir Herzog e o operário Manoel Fiel Filho, assassinados com selvageria pelos *heroicos* defensores do regime que desgraçava o povo brasileiro.

Na manhã de 5 de dezembro de 1976 João Goulart estava em Montevidéu e viajou até a fronteira Argentina. Transpôs o Rio Uruguai em lancha e já na Argentina foi a Paso de Los Libres. De lá avistou Uruguaiana e disse para sua mulher Maria Thereza:

– Qualquer dia banco o louco e entro correndo pela ponte – fitando a outra margem, o território brasileiro, para ele proibido.

Com o olhar matou a saudade, e voltou terra a dentro na Argentina, seu exílio. Na estância de Mercedes, em Corrientes, no jantar, comeu carne gorda de ovelha assada, como sempre, e deitou-se exausto. João Goulart, nosso presidente deposto pelo golpe militar de 1964, morreu naquela madrugada, enquanto dormia.

Ao tomarem conhecimento da sua morte, amigos e correligionários logo se mobilizaram para prestar-lhe a última homenagem e obter das autoridades militares permissão para o enterro em São Borja, sua terra.

Entre ordens e contraordens de Porto Alegre e Brasília, uma barreira militar impediu a passagem do carro na ponte internacional em Uruguaiana. Quando não havia mais condições de exigir o retorno da comitiva, o comando do III Exército permitiu a entrada dos automóveis em território brasileiro em marcha acelerada até o cemitério de São Borja.

Em Brasília, o presidente do Senado, Magalhães Pinto, determinou que a Bandeira Nacional fosse hasteada a meio-pau. Mas logo voltou atrás. O governo militar mandou retirar a bandeira, negando-se a declarar luto oficial.

Em São Borja milhares de pessoas esperavam pelo velório, a multidão tomava a rua central e todas as ruas próximas. Ao mesmo tempo amigos de Goulart, como Almino Afonso, Darcy Ribeiro e Tancredo Neves, além de dezenas de aviões e centenas de automóveis vindos de Porto Alegre, rumaram para a cidade. Todos queriam homenageá-lo.

Quando o cortejo chegou perto da igreja Matriz de São Francisco de Borja, descumprindo as ordens dos militares, a porta se abriu e o caixão foi levado para dentro. O corpo saiu da igreja só após a chegada dos seus filhos.

A seguir, a autoridade militar destacou vários soldados para levarem o caixão até uma viatura militar. Algumas pessoas, indignadas ao verem o caixão sendo carregado por soldados, avançaram e o tomaram nas mãos. E desconhecendo as ordens militares o levaram, a pé, pelos quatro quilômetros que separam a igreja do cemitério.

Havia muita mágoa e tristeza. Muitos choravam, mas não se ouviam gritos nem palavras de protestos. Muitos apenas falavam – Jango é nosso, ou – Jango agora está conosco. No cemitério, Pedro Simon iniciou seu discurso de homenagem a Goulart em nome do MDB e do Rio Grande do Sul. A seguir falou Tancredo Neves, em nome do Brasil. Os representantes da Ordem dos Advogados do Brasil, da Associação Brasileira de Imprensa e de numerosas representações de trabalhadores fizeram as honras a Jango. A seguir, ele foi sepultado no mausoléu da família, a poucos metros de Getúlio Vargas, coberto por uma bandeira do Brasil.[2]

---

[2] FERREIRA, Jorge. *João Goulart: uma biografia*. Rio de Janeiro: Editora Civilização Brasileira, 2011. p. 674-679.

Será de Juscelino a parte cortada ao meio?

TELEGRAM *Department of State*

CONFIDENTIAL

EUA006
OO RUEHCR
DE RUESUA 727R 31/2240Z
O 31/2230Z ZEA
FM AMEMBASSY BRASILIA
TO SECSTATE WASHDC
STATE GRNC
BT
C-O-N-F-I-D-E-N-T-I-A-L IMMEDIATE ACTION DEPT 130 INFO IMMEDIATE
RIO 233 MARCH 31

REITERATED TODAY HIS CONFIDENCE IN STRENGTH OF MOVE AGAINST GOULART. HE SAID PORCESS IS IRREVOCABLE AND WILL RESULT IN REMOVAL GOULART AND HIS REPLACEMENT FOR 30 DAYS BY CHAMBER PRESIDENT MAZZILLI. AFTER 30 DAYS CONGRESS IN ACCORD CONSTITUTION WILL ELECT PRESIDENT TO SERVE UNTIL 65 ELECTIONS. FORMER PRESIDENT MARSHAL DUTRA BEING CONSIDERED.
CFN 130 233 31 30 30 65

PAGE TWO RUESUA 727R C-O-N-F-I-D-E-N-T-I-A-L

PRESUMABLY NEITHER KUBITSCHEK NOR LACERDA UNDER CONSIDERATION SINCE OCCUPANCY PRESIDENCY NOW WOULD MAKE THEM INELIGIBLE IN 65.

SAYS FOLLOWING STATES HAVE PLEDGED SUPPORT FOR MOVE AGAINST GOULART: MINAS GERAIS, SAO PAULO, MATO GROSSO, GOIAS, PARANA, AND SANTA CATARINA. SOME SUPPORT EXPECTED IN NORTH, PARTICULARLY BAHIA, RIO GRANDE DO NORTE AND EVEN IN RECIFE WHERE 4TH ARMY COMMANDER OPPOSES GOULART.

CLASHES AND BLOODSHED EXPECTED IN GUANABARA AND RIO GRANDE DO SUL WHERE GOVERNMENT AND OPPOSITION FORCE FAIRLY EVENLY DIVIDED. EXPECTS PRESIDENT GOULART FLEE TO SAO BORJA AREA RIO GRANDE DO SUL WHERE COMMANDS LOYAL TO THE PRESIDENT HAVE BEEN CAREFULLY ESTABLISHED.

SAID CHAMBER PRESIDENT MAZZILLI WENT TO SAO PAULO YESTERDAY
CFN 65 4TH

CONFIDENTIAL
REPRODUCTION FROM THIS COPY IS PROHIBITED UNLESS "UNCLASSIFIED"
Copy

---

[3] TAVARES, Flávio. *1964: o golpe. Os documentos secretos.* Porto Alegre: L&PM Editores, 2014. p. 296-297.

DE: Embaixada norte-americana em Brasília

PARA: Secretaria de Estado Washington D.C.

CONFIDENCIAL – AÇÃO IMEDIATA – DEPT 130 INFO IMEDIATA
RIO 233   31 DE MARÇO   8:12 PM

[CENSURADO] reiterou hoje sua confiança na força do movimento contra Goulart. Ele disse que o processo é irrevogável e resultará na retirada de Goulart e em sua substituição por 30 dias pelo presidente da Câmara, Mazzilli. Depois de 30 dias, o Congresso, conforme a Constituição, elegerá o presidente que ocupará o cargo até as eleições de 65. O ex-presidente Marechal Dutra está sendo considerado [CENSURADO] Aparentemente, nem Kubitschek, nem Lacerda estão sendo levados em consideração, uma vez que, se ocuparem a Presidência agora, ficarão inelegíveis em 65.

[CENSURADO] diz que os seguintes Estados declararam apoio ao movimento contra Goulart: Minas Gerais, São Paulo, Mato Grosso, Goiás, Paraná e Santa Catarina. Espera-se algum apoio do norte, especialmente da Bahia, do Rio Grande do Norte e até mesmo de Recife, onde o comandante do 4.º Exército é contrário a Goulart.

Confrontos e derramamento de sangue são esperados na Guanabara e no Rio Grande do Sul, onde as forças do governo e da oposição estão divididas praticamente pela metade. Espera-se que o presidente Goulart fuja para a região de São Borja, no Rio Grande do Sul, onde comandos leais ao presidente foram cuidadosamente estabelecidos.

[CENSURADO] disse que o presidente da Câmara, Mazzilli, foi a São Paulo, ontem, (cont.)

CONFIDENTIAL

-2- 130, March 31, from Brasilia

PAGE THREE RUESUA 727R C-O-N-F-I-D-E-N-T-I-A-L
AS THE RESULT OF A CALL FROM HIS WIFE. HE HAS RETURNED TO BRASILIA
TODAY AND REAL REASON FOR TRIP SHOULD SOON BE KNOWN. EX-
PRESIDENT KUBITSCHEK ALSO SUPPORTS COUNTER-COUP AGAINST
GOULART. SAID KUBITSCHEK JOINED UP EARLY MONDAY MORNING
AFTER LONG CONVERSATION WITH MAZZILLI IN WHICH HE AIRED HIS
GREAT CONCERN OVER LEFTIST COUP UNDERWAY BY GOULART.

DEPUTY ARNALDO CERDEIRA (PSD-SAO PAULO) TOLD EMBASSY OFFICER
GENERAL KRUEL, COMMANDER 2ND ARMY IN SAO PAULO, DISMISSED
THIS MORNING BUT HAS REFUSED RELINQUISH COMMAND.

SAID CONGRESS HAS GIVEN UP IDEA MOVE AWAY FROM BRASILIA
TO RIO, SAO PAULO OR BELO HORIZONTE BECAUSE PROBLEM NOW LARGELY
IN MILITARY THERE. ADDED THAT MAJORITY OF CONGRESS NOW CLEARLY
ANTI-GOULART AND AUTHOMATICALLY OPPOSED ANY MEASURE IN HIS
FAVOR, AND BY IMPLICATION PREPARED TO GIBE LEGAL COVER TO MOVE
AGAINST HIM. GP-3. DEAN
BT
CFN 2ND

ADVANCE COPY TO S/S-O 8:18 p.m.

NOTE: Passed WHITE HOUSE, CIA, JCS, OSD, CINCSO, CINCSTRIKE
ALSO FOR POLAD, CINCLANT ALSO FOR POLAD 8:45 p.m.

COPY
Lynden Baines Johnson Library

CONFIDENTIAL

---

[4] TAVARES, Flávio. *1964: o golpe. Os documentos secretos.* Porto Alegre: L&PM Editores, 2014. p. 298-299.

(cont.) por conta de um telefonema de sua esposa. Ele voltou a Brasília hoje, e o verdadeiro motivo da viagem deverá ser conhecido em breve. **O ex-presidente Kubitschek também apoia um contragolpe contra Goulart.** [CENSURADO] disse que **Kubitschek se juntou ao grupo no começo da manhã da segunda-feira**, depois de uma longa conversa com Mazzilli, durante a qual expressou grande preocupação em relação ao golpe de esquerda sendo realizado por Goulart.

O deputado Arnaldo Cerdeira (PSD-São Paulo) disse a um funcionário da embaixada que o general Kruel, comandante do 2.º Exército, em São Paulo, foi demitido esta manhã, mas se negou a deixar o comando.

[CENSURADO] disse que o Congresso desistiu da ideia de trocar Brasília por Rio, São Paulo ou Belo Horizonte por problemas com os militares. Acrescentou que a maioria do Congresso agora é claramente anti-Goulart e automaticamente contrária a qualquer medida em seu favor e, por implicação, está preparada para dar cobertura legal a um movimento contra ele. GP-3. DEAN
BT
CFN2ND 3

CÓPIA AVANÇADA PARA S/S-O 20h18

NOTA: Enviado à CASA BRANCA, CIA, JCS, OSD, CINCSO, CINCSTRIKE, TAMBÉM PARA POLAD, CINCLANT TAMBÉM PARA POLAD 20h45

OUTGOING TELEGRAM Department of State

15379

ACTION: AMEMBASSY RIO DE JANEIRO   FLASH 1301   Mar 31   2 29 PM '64

NO DISTRIBUTION

FOR AMBASSADOR GORDON

DECLASSIFIED
E.O. 13292, Sec. 3.6
NLJ 03-286
By ___, NARA, Date 2-24-04

For your personal information only, the following decisions have been taken in order be in a position to render assistance at appropriate time to anti-Goulart forces if it is decided this should be done.

1. Dispatch of US Navy tankers bearing POL from Aruba, first tanker expected off Santos between April 8 and 13; following three tankers at one day intervals.

2. Immediate dispatch of naval task force for overt exercises off Brazil. Force to consist of aircraft carrier (expected arrive in area by April 10), four destroyers, two destroyer escorts, task force tankers (all expected arrive about four days later).

3. Assemble shipment of about 110 tons ammunition, other light equipment including tear gas for mob control for air lift to Sao Paolo (Campinas). Lift would be made within 24 to 36 hours upon issuance final orders and would involve 10 cargo planes.

Drafted by: ARA:RWAdams:ars 3/31/64   George W. Ball

S/S - Mr. Read

---

5 TAVARES, Flávio. *1964: o golpe. Os documentos secretos.* Porto Alegre: L&PM Editores, 2014. p. 300-301.

TELEGRAMA ENVIADO
Do Departamento de Estado
À Embaixada Americana Rio
Nota 1301   31 de março de 64   2:29 PM
Sem distribuição
Para o embaixador Gordon

Para sua informação pessoal, apenas, foram tomadas as seguintes decisões com o objetivo de se estar em posição de oferecer assistência no momento adequado a forças anti-Goulart, caso se decida que isso seja feito.

1. Envio de navios-tanque da Marinha dos EUA levando gasolina e óleo diesel de Aruba. O primeiro navio-tanque é esperado em Santos entre 8 e 13 de abril; seguindo três navios-tanque em intervalos de um dia.

2. Envio imediato de força-tarefa naval para exercícios ostensivos próximo ao Brasil. Deverá consistir de porta-aviões (com chegada esperada para 10 de abril), quatro destróieres, duas escoltas de destróieres e navios-tanque de força-tarefa (todos com chegada esperada para cerca de quatro dias depois).

3. Carga de cerca de 110 toneladas de munição, outros equipamentos leves, incluindo gás lacrimogêneo, para controle de multidões para transporte aéreo para São Paulo (Campinas). O transporte seria feito entre 24 e 36 horas após emissão de ordens finais e envolveria 10 aviões cargueiros, (cont.)

Page 2 of telegram to AMembassy RIO DE JANEIRO FLASH

~~SECRET~~

6 tankers, and 6 fighters

Unloading of POL by US Navy tankers (item 1) and dispatch of airlift (item 3) would require further development politico-military situation to point where some group having reasonable claim to legitimacy could formally request recognition and aid from us and if possible from other American Republics. Dispatch of tankers from Aruba and of naval task force does not immediately involve us in Brazilian situation and is regarded by us as/normal naval exercises.

END

RUSK

~~SECRET~~

COPY LBJ LIBRARY

---

[6] TAVARES, Flávio. *1964: o golpe. Os documentos secretos.* Porto Alegre: L&PM Editores, 2014. p. 302-303.

(cont.) 6 aviões-tanque e 6 caças.

Descarregamento da gasolina e óleo diesel pelos navios-tanque da Marinha dos EUA (item 1) e envio de transporte aéreo (item 3) demandariam mais desenvolvimento da situação político-militar para haver indicação de algum grupo que tenha razoável legitimidade para poder requisitar formalmente reconhecimento e auxílio da nossa parte e se possível de outras repúblicas americanas. O envio de navios-tanque de Aruba e da força-tarefa naval não nos envolve imediatamente na situação brasileira e é visto por nós como exercício naval normal.

RUSK-Fim

OUTGOING TELEGRAM Department of State

— SECRET —

Classification

ACTION: Amembassy RIO DE JANEIRO 1305 FLASH   MAR 31 7 53 PM '64
Info: DEFENSE FOR McNAMARA AND TAYLOR
CIA FOR McCONE

NODIS FOR AMBASSADOR GORDON

Following corrections should be made in Deptel 1301:

1) Para one should read: "Dispatch of U.S. Navy tankers bearing POL from Aruba, first tanker expected off Santos April 13; following three tankers at one day intervals."

2) Second sentence in para two should read: "Force to consist of aircraft carrier and two guided missile destroyers (expected arrive in area by April 10), four destroyers, task force tankers (all expected arrive about four days later)."

3) Strike words "tear gas" in first sentence of para three, and insert "CS agent".

4) Reference to "10 cargo planes" in second sentence of para three should be "six cargo planes".

END

RUSK

S/S:BHRead:vd 3/31/64

---

[7] TAVARES, Flávio. *1964: o golpe. Os documentos secretos.* Porto Alegre: L&PM Editores, 2014. p. 304-305.

Do Departamento de Estado
À Embaixada Americana Rio de Janeiro
Nota 1305 31 de março de 64   7:53 PM
Sem distribuição
Para o embaixador Gordon
As seguintes correções devem ser feitas na Nota 1301:

1) No parágrafo um, leia-se: "Envio de navios-tanque da Marinha dos EUA levando POL de Aruba. O primeiro navio-tanque é esperado em Santos em 13 de abril; seguindo três navios-tanque em intervalos de um dia".

2) Na segunda frase do parágrafo dois, leia-se: "Deverá consistir de porta-aviões e dois destróieres com mísseis guiados (com chegada esperada para 10 de abril), quatro destróieres, navios-tanque de força-tarefa (todos com chegada esperada para cerca de quatro dias depois)".

3) Riscar as palavras "gás lacrimogêneo" da primeira frase do parágrafo três e inserir "gás CS".

4) Referência a "10 aviões cargueiros" na segunda frase do parágrafo três deve ser "seis aviões cargueiros". RUSK
FIM

1 April 1964

MEMORANDUM FOR THE RECORD

SUBJECT: Meeting at the White House 1 April 1964
Subject - Brazil

PRESENT: The President

State Department: Secretary Rusk, Under Secretary Ball, Deputy Under Secretary Johnson, and Mr. Ralph Burton

Defense Department: Secretary McNamara, Deputy Secretary Vance, General Taylor and General O'Meara

White House Staff: Messrs. Bundy, Dungan, Moyers, and Reedy

CIA: The Director, Colonel King and Mr. FitzGerald

1. The meeting commenced with a briefing on the latest intelligence reports by Colonel King including items from the 10 o'clock telecon between State and Ambassador Gordon. Matters seemed to be more favorable to the insurgents than they had been the previous evening, particularly in view of indications that General Kruel is moving Second Army troops to the Sao Paulo border.

2. Secretary Rusk said that Ambassador Gordon was not advocating U.S. support at this time. Only the Paulistas had requested such aid and this without definition. Ambassador Gordon, with whom the Secretary agreed, believes that it would be wrong at this stage to give Goulart an anti-Yankee banner.

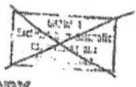

---

8 TAVARES, Flávio. *1964: o golpe. Os documentos secretos*. Porto Alegre: L&PM Editores, 2014. p. 306-307.

SECRETO
1 de abril de 1964
ATA-MEMORANDO PARA REGISTRO
ASSUNTO: Reunião na Casa Branca em 1 de abril de 1964 PRESENTES: O Presidente
Departamento de Estado: secretário Rusk, subsecretário Ball, subsecretário adjunto Johnson e Sr. Ralph Burton
Departamento de Defesa: secretário McNamara, secretário adjunto Vance, general Taylor e general O'Meara
Equipe da Casa Branca: senhores Bundy, Dungan, Moyers e Reedy
CIA: O diretor, coronel King e Sr. Fitzgerald

1. A reunião teve início com uma exposição sobre os últimos relatórios da inteligência, feita pelo coronel King, incluindo itens da teleconferência das 10 horas entre o Departamento de Estado e o embaixador Gordon. A situação parecia estar mais favorável aos insurgentes do que na noite anterior, especialmente diante das indicações de que o general Kruel está levando tropas do Segundo Exército para a divisa do Estado de São Paulo.

2. O secretário Rusk disse que o embaixador Gordon não estava defendendo apoio dos EUA neste momento. Apenas os paulistas haviam solicitado esse auxílio, e sem definição. O embaixador Gordon, com quem o secretário concordou, acredita que seria errado, nesta etapa, dar uma bandeira anti-ianque a Goulart.

(cont.)

3. Secretary Rusk referred to a "leak" the evening before regarding the movement of a Naval task force to the area of southern Brazil. (General Taylor said that there was not actually a leak but that it appeared to be a deduction by newsmen based on knowledge that a special meeting of the Joint Chiefs took place.) It was agreed that newspaper queries concerning the Naval movement would be treated routinely and that it would not be shown as a contingency move having to do with Brazil.

4.

5. There was an aside on Panama concerning the latest OAS language concerning U.S. discussions with the government of Panama. The President gave as his opinion that this language, which appeared to please the Panamanians, did not to him appear to differ from that which we had previously used.

6. In another interjection, the President asked what the effect of Senator Fulbright's speech had been abroad. Mr. Ball referred to his recent trip to Europe during which he addressed the NATO council (prior to the Fulbright speech). He said that the NATO people had agreed that the U.S. had not clearly stated its position vis-a-vis Cuba. Mr. Ball believes that the Fulbright speech may give ammunition to those who do not favor our Cuba policy in the first place. He also added that the Che Guevara speech in Geneva had been much too long and had therefore probably laid an egg. He said that he did not think that, as far as economic denial against Cuba is concerned, the Fulbright speech would have very much effect in Latin America as there was very little trade anyway. The President inquired whether we are endeavoring to explain the basis of our present policy to Fulbright. Secretary Rusk said that this had been and is being done. The President observed that Senator Fulbright probably is enjoying the halo set on his brow by the New York Times and the Washington Post and will probably wish to retain the headgear. Mr. Ball said

---

[9] TAVARES, Flávio. *1964: o golpe. Os documentos secretos.* Porto Alegre: L&PM Editores, 2014. p. 308-309.

(cont.)

3. O secretário Rusk se referiu a um "vazamento" na noite anterior a respeito do movimento de uma força-tarefa naval até a região Sul do Brasil. (Segundo o general Taylor, não houve exatamente um vazamento, mas parece ter havido a dedução por parte de alguns jornalistas com base no conhecimento sobre a realização de uma reunião especial do Estado-Maior.) Houve consenso sobre tratar rotineiramente os questionamentos dos jornais sobre os movimentos navais, para que não apareçam como um movimento relacionado com as atuais contingências do Brasil.

4. **[CENSURADO TOTALMENTE]**

5. Houve um aparte a respeito do Panamá relacionado ao mais recente discurso na OEA quanto às discussões dos EUA com o governo do Panamá. O presidente opinou que o discurso, que pareceu agradar aos panamenhos, a ele não pareceu diferente do que foi utilizado anteriormente.

6. Em outra interjeição, o presidente perguntou que efeito o discurso do senador Fulbright havia tido no exterior. O Sr. Ball se referiu a sua viagem recente à Europa, na qual falou no Conselho da Otan (antes do discurso de Fulbright). Ele disse que o pessoal da Otan concordou que os EUA não declarassem claramente sua posição sobre Cuba. O Sr. Ball acredita que o discurso de Fulbright pode dar munição para quem já não é favorável à nossa política sobre Cuba. Acrescentou que o discurso de Che Guevara em Genebra havia sido longo e, portanto, provavelmente foi um fracasso. Ele disse não acreditar que, no que diz respeito à sanção econômica contra Cuba, o discurso de Fulbright fosse surtir muito efeito na América Latina, já que há muito pouco comércio de qualquer maneira. O Presidente questionou se estamos realizando esforços para explicar as bases de nossa política atual a Fulbright. O secretário Rusk disse que isso foi e está sendo feito. O Presidente observou que o senador Fulbright provavelmente está apreciando a auréola posta nele pelo *New York Times* e o *Washington Post* e provavelmente deseja manter o acessório. O Sr. Bali disse (cont.)

that he had identified the soft underbelly of the British position in the Cuban denial matter. Apparently British governmental credits can be granted on two grounds: (1) that it is a good credit risk, and (2) though not a good credit risk, the risk is in the national interests. The British apparently admit that the Leyland Bus deal falls in the second category. As a consequence, he believes that we may well be able to stop future British government-backed credits to Cuba.

The President said that he wants to be very sure that the British fully understand our position with respect to Cuban economic denial.

7. Secretary McNamara reported on the status of the task force. It sailed this morning and would be in the vicinity of Santos by the 11th of April. The arms and ammunition are now being assembled for airlift in New Jersey and the airlift would take 16 hours from the time of decision. As to POL, the earliest Navy tanker, diverted from the Aruba area, would be in place on the 10th or 11th of April. There is, however, a Norwegian tanker chartered by Esso in the South Atlantic loaded with the necessary motor and aviation gasoline. It is headed for Buenos Aires and should arrive there on the 5th or 6th of April.

(Messrs. Bundy and Dungan, following the meeting, said that they had taken exception to the Navy's order to its task force which had placed the movement clearly within the contingency plan for Brazil. They felt that this was an unnecessary security hazard.)

Desmond Fitzgerald
Deputy Chief, WH (Special Affairs)

COPY LBJ LIBRARY

---

[10] TAVARES, Flávio. *1964: o golpe. Os documentos secretos*. Porto Alegre: L&PM Editores, 2014. p. 310-311.

(cont.) ter identificado o ponto fraco da posição britânica na questão da sanção a Cuba. Aparentemente, os créditos governamentais britânicos foram concedidos por dois motivos: (1) que se trate de um bom risco de crédito e (2) que, mesmo não sendo um bom risco de crédito, seja risco de interesse nacional. Aparentemente, os britânicos admitem que o negócio dos ônibus Leyland se encaixa na segunda categoria. Como consequência, ele acredita que poderemos muito bem conseguir impedir futuros créditos subsidiados pelo governo britânico a Cuba. **[CENSURADO]** O Presidente disse que quer ter absoluta certeza de que os britânicos compreendem totalmente nossa posição a respeito da sanção econômica a Cuba.

7. O secretário McNamara reportou sobre o *status* da força-tarefa que partiu esta manhã e estará nas proximidades de Santos em torno de 11 de abril. As armas e munições estão sendo montadas para transporte aéreo em Nova Jersey, e o transporte levaria 16 horas a partir do momento da decisão. Quanto a combustíveis, o primeiro navio-tanque, desviado da região de Aruba, estaria no local em 10 ou 11 de abril. Há, no entanto, um navio-taque norueguês fretado pela Esso no Atlântico Sul carregado com os combustíveis necessários. A embarcação está a caminho de Buenos Aires, onde deve chegar em 5 ou 6 de abril. **[CENSURADO]**

(Os senhores Bundy e Dungan, após a reunião, disseram fazer objeção à ordem da Marinha para a força-tarefa que havia situado a movimentação claramente dentro do plano de contingência para o Brasil. Eles disseram acreditar que se trata de um risco de segurança desnecessário.)

[CENSURADO]
Desmond Fitzgerald
Chefe adjunto do Estado-Maior, Casa Branca (Assuntos Especiais)

INCOMING TELEGRAM Department of State

SECRET

Control: 452
Rec'd: APRIL 1, 1964
10:58 AM

FROM: RIO DE JANEIRO

ACTION: SECSTATE 2134 PRIORITY
WHITE HOUSE 4 PRIORITY
OSD 4 PRIORITY
JCS 4 PRIORITY
CIA 4 PRIORITY

DECLASSIFIED
Authority STATE 12.24.75
By GW NAHS, Date 2.2.76

INFO: CINCLANT 20
CINCSTRIKE 4
BRASILIA 240
SAO PAULO 107
RECIFE 193

DATE: APRIL 1, 1 AM

1. I SAW KUBITSCHEK FOR A HALF HOUR AT 2115 LOCAL. HE WAS IN ENTIRELY DIFFERENT FRAME OF MIND FROM THAT REPORTED BY MINOTTO (EMBTEL 2126). SAID COULD NOT BELIEVE THAT MAGALHAES PINTO OR ALKMIN WOULD ACT ALONE, BUT ALSO COULD NOT UNDERSTAND WHY SAO PAULO HAD NOT MOVED.

2. SAID HE HAD VISITED GOULART AT LATTERS INVITATION THIS AFTERNOON, AND FOUND HIM SELF CONFIDENT. KUBITSCHEK PLEAD WITH HIM TO SAVE HIS MANDATE BY MAKING A CLEAR REJECTION OF THE CGT AND THE COMMUNISTS, BUT GOULART REPLIED THIS WOULD BE A SIGN OF WEAKNESS AND IF HE DISPLAYED ANY WEAKNESS HE WOULD BE LOST. MOREOVER, HE WAS SECURE IN HIS MILITARY SUPPORT AND CONSIDERED THE MINAS' REBELLION EASILY QUELLABLE.

3. KUBITSCHEK SAID HIS OWN MILITARY SOURCES DISAGREED WITH GOULART'S APPRAISAL OF HIS MILITARY SUPPORT. NEXT HOURS AND DAYS CRUCIAL, SINCE IF MINAS ISOLATED AND REBELLION SMOTHERED, GOULART WOULD BE ON HIGH ROAD TO DICTATORSHIP. KUBITSCHEK WAS AWAITING ADHEMAR'S SCHEDULED NIGHT BROADCAST WITH GREAT EAGERNESS. ALSO SAID MINAS WOULD NOT GIVE IN EASILY, AND SUBSTANTIAL FIGHTING WOULD BE NEEDED TO OVERCOME THE FORCES THERE.

SECRET

REPRODUCTION FROM THIS COPY IS PROHIBITED UNLESS "UNCLASSIFIED"

COPY
Lyndon Baines Johnson Library

[11] TAVARES, Flávio. *1964: o golpe. Os documentos secretos.* Porto Alegre: L&PM Editores, 2014. p. 312-313.

Telegrama recebido – Departamento de Estado
1.º de abril 1964   10:58 AM
Da Embaixada Americana, Rio
Do Embaixador Gordon
Distribuir a: Secretaria de Estado – Prioridade
Casa Branca – Prioridade
Gabinete Secretário da Defesa – Prioridade
Estado-Maior Conjunto – Prioridade
CIA – Prioridade
Informar a: Comando Forças do Atlântico
Comando Forças de Ataque
Brasília, São Paulo, Recife

1. Estive com Kubitschek durante meia hora às 21h15 locais. Ele estava num estado de espírito totalmente diferente do comunicado por Minotto (telegrama 2126). Disse não acreditar que Magalhães Pinto ou Alkmin agissem sozinhos, mas também não podia entender por que São Paulo não tinha se movimentado.

2. Disse ter visitado Goulart a convite deste, à tarde, e o encontrara confiante. Kubitschek pediu-lhe que salvasse seu mandato fazendo uma clara rejeição ao CGT e aos comunistas, mas Goulart respondeu que isso seria um sinal de fraqueza e, se demonstrasse qualquer fraqueza, estaria perdido. Além disso, estava seguro sobre seu apoio militar e considerava a rebelião de Minas facilmente sufocável.

3. Kubitschek disse que suas próprias fontes militares discordavam da avaliação feita por Goulart sobre seu apoio militar. As próximas horas e dias são cruciais, pois, se Minas for isolada e a rebelião for esmagada, Goulart estará com o caminho livre para a ditadura. Kubitschek aguardava o pronunciamento de Adhemar, programado para a noite, pelo rádio, com grande ansiedade. Também disse que Minas não cederia facilmente e que seria necessária uma considerável luta para vencer as forças ali.

4. Discutimos também o problema da legitimação de qualquer rebelião bem-sucedida, em termos gerais, expressando Kubitschek a crença de que o Congresso ratificaria rapidamente qualquer solução militar. GORDON

EMBASSY
OF THE
UNITED STATES OF AMERICA

Rio de Janeiro, Brazil,
April 13, 1964.

Dear Ralph:

Your kind letter of April 6 arrived this morning, and I took the liberty of reading it to my top staff. They were naturally most pleased, as was I.

Let me repay the compliment by saying that from the moment of Dean Rusk's message of Monday night March 31, we here could not have asked for more ample, cordial, or timely backing. The best kind of contingency planning is always the kind that need not be put into practice, but it was very comforting for us to know that we would not have been helpless in the event of a less happy outcome. And I still regard it as a little short of a Brazilian miracle that so drastic a transformation could be achieved so quickly and virtually without bloodshed. I would certainly not argue that we have been right in every judgment over the past months and years, but our confidence in the influence and attitudes of the key State Governors and the bulk of the military officer corps certainly proved more than justified.

The new opportunities which this situation opens for us should be evident, and I gather from both correspondence and Hew Ryan's personal visit that this is well appreciated in Washington. I hope that it will continue to be so, because if there is a failure of policy now, the fault will rest with us and we shall have missed an opportunity which is most unlikely to repeat itself.

With warm personal regards and all good wishes,

Yours,

Lincoln Gordon
United States Ambassador

The Honorable
Ralph A. Dungan,
Special Assistant to the President,
The White House.

---

[12] TAVARES, Flávio. *1964: o golpe. Os documentos secretos.* Porto Alegre: L&PM Editores, 2014. p. 314-315.

Carta do Embaixador Gordon
Para Ralph A. Dungan, Assistente especial do Presidente, Casa Branca.
EMBAIXADA DOS ESTADOS UNIDOS DA AMÉRICA
Rio de Janeiro, Brasil, 13 de abril de 1964

Prezado Ralph:
Sua carta de 6 de abril chegou esta manhã, e tomei a liberdade de lê-la à minha equipe superior. Todos ficaram naturalmente satisfeitos, como eu.

Deixe-me devolver o elogio dizendo que, desde o momento em que recebemos a mensagem de Dean Rusk na noite da segunda-feira 31 de março, não poderíamos ter pedido por apoio mais amplo, cordial ou oportuno. **O melhor tipo de plano de contingência é sempre o tipo que não precisa ser posto em prática, mas foi muito reconfortante sabermos que não estaríamos indefesos na eventualidade de o resultado ser menos feliz.** Ainda vejo como uma espécie de milagre brasileiro **que uma transformação tão drástica possa ter sido conquistada tão rapidamente e praticamente sem derramamento de sangue.** Eu certamente não argumentaria que estávamos corretos em todas as nossas avaliações dos últimos meses e anos, mas nossa confiança na influência e nas atitudes dos principais governadores estaduais e da maior parte do corpo de oficiais militares certamente se provou mais do que justificada.

As novas oportunidades que esta situação nos abre são evidentes, e entendo, tanto pela correspondência quanto pela visita pessoal de Hew Ryan, que Washington valoriza isso. Espero que a situação prossiga dessa forma, porque, se houver falha estratégica agora, a culpa recairá sobre nós e teremos perdido uma oportunidade que muito dificilmente voltará a se repetir.

Meus cumprimentos pessoais e os melhores votos, Atenciosamente,
Lincoln Gordon
Embaixador dos Estados Unidos

A queda

Com cada vez menor apoio interno e externo, sendo derrotada em cada eleição, apesar da munição antidemocrática posta à disposição da ditadura, e com o governo americano, agora do Partido Democrata, exigindo democracia e respeito aos direitos humanos, a ditadura acabou por promulgar, em 1979, a Lei da Anistia, depois incorporada a nova Constituição. Esta anistia incluía os agentes do Estado que cometeram crimes de lesa-humanidade, como tortura, estupro, sequestros e assassinatos. Foi o preço que a sociedade pagou para seguir no caminho que a levaria, enfim, à liberdade.

Apesar das gigantescas manifestações exigindo eleições diretas, mas com o Congresso ainda dominado pelas leis antidemocráticas da ditadura, foi só com a Constituição de 1988, possível o voto popular para escolher os membros do Poder Executivo, que até então eram eleitos pelo voto dos parlamentares que sobreviviam aos expurgos, às cassações e pelos parlamentares biônicos. Todos os eleitos em eleições indiretas para cargos do Poder Executivo sempre foram os indicados pelas forças armadas.

Em mais de 30 anos a partir da nova Constituição, errando ou não, mas sem usar de expedientes inconstitucionais ou antidemocráticos, estamos lutando para levar o Brasil para maior desenvolvimento, maior justiça social e menor desigualdade.

Será um pesadelo, se depois de tanto tempo, voltarmos a ter que passar pelo mesmo calvário, sofrer as mesmas desumanas consequências, assistir calados ao mesmo filme. Será que esta geração vai ter que suportar o que a nossa suportou? Lutar pelas mesmas causas, e, mais tarde, chegar à conclusão de que foi, também ela, colaboracionista?

REFERÊNCIAS DO FILME 1

FERREIRA, Jorge. João Goulart: uma biografia. Rio de Janeiro: Editora Civilização Brasileira, 2011.

FERRI, Omar. *A verdade revelada*. Porto Alegre: Gráfica e Editora RJR, 2021.

MONTEIRO, Karla. *Samuel Wainer: o homem que estava lá*. São Paulo: Companhia das Letras, 2021.

TAVARES, Flávio. *Memórias do esquecimento:* os segredos da ditadura. Porto Alegre: L&PM Editores, 2012.

TAVARES, Flávio. *1961: o golpe derrotado*. Porto Alegre: L&PM Editores, 1961.

TAVARES, Flávio. *1964: o golpe*. Porto Alegre: L&PM Editores, 2014.

FILME 2
Nave à deriva

O navio nos trópicos

Uma superprodução binacional, com o apoio da ala *democrática* da burguesia local, passamos para uma cópia autorizada.

Com o novo diretor e roteirista americano, aqui nos trópicos, logo após a contagem dos votos da eleição de 2018, que nos presenteou com um presidente *outside*, começaram os preparativos para um novo filme, com o mesmo cenário, a quase totalidade dos personagens da eleição recém-concluída, mas com várias novidades. O novo diretor não deixará por menos. Afinal, ele terá que manter a *qualidade* que o tornou conhecido no meio que conta com o apoio da direita americana e dos aliados do *America First*. E tem objetivo claro: fazer do candidato-presidente o vitorioso. A qualquer preço.

O filme será imoral e antidemocrático, mas não importa. Ele apenas deve atingir o objetivo. Deixar o capitão mais uns anos no Planalto. Aqui ele terá como roteiristas-adjuntos e coprodutores familiares do candidato local, que, apesar de não terem a mesma sensibilidade política do americano, compensarão esta falha com absoluta falta de qualquer escrúpulo.

Neste filme, não poderá constar nem a mais tênue lembrança da atuação do candidato-presidente no combate à pandemia. Sob nenhuma hipótese pode haver qualquer insinuação às falas do candidato-presidente, quando mandava invadir as UTIs, chamava os médicos de ladrões e falsificadores de atestados de óbito. Também nada de quando sugeria que os que se vacinassem poderiam virar jacarés ou se tornarem doentes de AIDS. Nem mesmo a sua resistência à vacina e ao uso de máscara e a sua, ainda não explicada, insistência para que o povo ingerisse comprimidos que a ciência comprovava ineficientes ao combate à pandemia.

Nenhuma menção ao fato de o candidato-presidente ter vibrado de alegria quando soube da morte de um corajoso brasileiro, voluntário para testes da vacina contra a Covid. Uma cena das mais grotescas e vulgares, em 70 anos da televisão brasileira.

Nada a respeito da mudança de ministros competentes da área, dois médicos, por um general sem a menor condição e experiência para assumir o Ministério da Saúde durante essa gravíssima ameaça à saúde pública. Para todos os efeitos, a Covid não existiu.

Como se o problema do Brasil fosse a corrupção e não a desigualdade, o diretor americano vai insistir na tese elitista da corrupção. E pior, estando o candidato-presidente literalmente cercado de corruptos, com ministros (Saúde, Educação, Meio Ambiente, Casa Civil) e diversos familiares envolvidos em mal explicadas negociatas, em diversos casos de corrupção, não só passiva, mas também e principalmente em lavagem de dinheiro. Mas o roteirista americano (seria ele mesmo?) insiste no tema. E é claro, corruptos serão apenas o adversário e seus aliados. O filme não passa nem ao largo do fato de que o juiz e os promotores que condenaram o candidato adversário foram considerados parciais por diversos tribunais políticos e, muito menos, que o tão falado *maior roubo do planeta* foi planejado e executado por muitos dos que agora estão no governo do candidato-presidente.

Vai conseguir com isso muitos votos, pois sabemos que repetir muitas vezes uma mentira a transforma em verdade. Mas será suficiente? A produção e os apoiadores não têm certeza, estão inseguros. Vão precisar de argumentos mais convincentes.

E sendo, sem dúvida, brilhante, um gênio, necessariamente vai usar as antigas hipocrisias, as não menos conhecidas falsidades e as antiquadas mentiras, agora travestidas eventualmente de *fakenews* pelo sábio diretor. Ele desta vez terá à disposição novas e necessárias armas de grosso calibre.

A situação internacional não está muito favorável à extrema direita, assim também como não convence a mais ninguém a velha conversinha de que todos os outros são comunistas. Menos ainda o argumento de que só os da extrema direita são honestos e que é deles o dom de acabar com a inflação e de promover o desenvolvimento. Ainda não foi esquecido o índice de 80%

mensais de inflação quando no governo o regime direitista autoritário e a miséria distribuída durante este governo.

Vai ser necessário esquecer o discurso liberal, do limite dos gastos, que tanto agrada aos do *mercado* e as leis que impedem a distribuição de dinheiro no ano das eleições. É fundamental arrumar *espaço* para fazer chegar ao eleitorado mais pobre quantidade de dinheiro jamais vista e maior do que já estavam recebendo. Para isso o Congresso deve mudar a Constituição, à Advocacia-Geral da União e ao Ministério da Fazenda cabe criar os fatos e ao Executivo alterar o nome do benefício, para não ser confundido com o do governo anterior. Assim, nas últimas cenas da filmagem, a parcela mais necessitada do povo também passa a receber o que nunca jamais sonhou. Se necessário, providenciar o 13.º salário e empréstimo consignado antes do 2.º turno. São armas importantes, e estas medidas *populares de emergência* devem ser aplicadas o mais perto possível do final do filme, para pegar a *gratidão* dos pobres. Os roteiristas da terra comentaram com o diretor americano que valeria a pena tentar comprar a classe média. O expediente usado foi baixar o preço da gasolina, conseguido com a diminuição artificial dos impostos Estaduais, com grave implicação na solvência de estados e Municípios, que passaram a receber menos recursos nos seus já combalidos orçamentos. Como efeito colateral, a inflação para a classe média também diminuiu, o que foi usado inúmeras vezes durante a campanha, como sendo um feito importante que mostra a *competência* da gestão econômica do governo federal.

Agora o arsenal golpista precisa dispor de maior artilharia. Nos Estados Unidos, o roteirista e os produtores montaram a grande farsa de uma fraude gigantesca, consumada pelo voto por correspondência. Com a competência que só a esquerda tem. Aqui, não temos votos por correspondência, mas o roteirista atento descobriu a urna eletrônica. E assim, logo após eleito, nosso presidente *outside* começou a afirmar que as eleições no Brasil são roubadas. Pela urna eletrônica, apesar de mais de um quarto de século em uso e sem nenhuma fraude comprovada. Por essa teoria da conspiração, ministros, funcionários do TSE, operadores da internet não só seriam ladrões como têm elegido quem querem nesses mais de 25 anos. Uma grande demonstração da eficiência da esquerda na manipulação dos resultados. E, portanto, a eleição estava ganha. Caso perdida, é só alegar que foi roubada.

Para uma boa preparação do filme e ser mais convincente a alegação de fraude, também é necessário desacreditar o ministro do STF que será o presidente do TSE por ocasião das eleições. Para isso, ele deve sofrer ataques a partir de agora, para quando das eleições ele já ser um inimigo conhecido. Para dar um pouco mais de veracidade a essa teoria da conspiração, o filme deverá oferecer a possibilidade de intervenção das Forças

Armadas, que historicamente se mostraram disponíveis quando chamadas a intervir para fraudar a vontade popular, para então restabelecer a verdade das urnas. Mudara-se então o Ministro da Defesa e os comandantes das Forças Armadas, para oficiais-generais mais alinhados com o candidato-presidente, que desde logo começam a dar crédito velado às manifestações golpistas do candidato-presidente.

O roteiro então está quase completo.

Também é necessário registrar que o candidato-presidente tem muito apoio popular e que as pesquisas divulgadas pela mídia do centro do país, de todos os institutos conhecidos e de confiabilidade, querem apenas provocar a derrota do candidato-presidente. Para mostrar o grande apoio do povo, usam a comemoração do dia da pátria em Copacabana, no Rio de Janeiro, que num feriado está sempre repleta de gente. Imagine com paraquedistas, com exibição da Esquadrilha da Fumaça e desfile naval com embarcações de mais de uma dezena de nações amigas. Temos então cenas que lembram aquelas das manifestações de Nuremberg, filmadas pela genial diretora nazista alemã Leni Riefenstahl. Essas cenas serão mais do gosto popular se contarem com a participação de famoso empresário-humorista, conhecido também como o papagaio Zé Carioca, que há muito perdeu o senso do ridículo.

O candidato-presidente insistirá que possui dados confiáveis que vencerá no primeiro turno com mais de

60% dos votos. Caso isso não aconteça, o candidato já antecipa a acusação de trapaça nas eleições. E chega na véspera da eleição com esse discurso.

Manifestação em frente ao QG do III Exército.

Esse filme nos mostra que as eleições foram vencidas pela direita, apesar do resultado, apesar de todas as pesquisas e de todas as evidências de que não houve fraude. O candidato deve alegar que a eleição foi roubada e não reconhecer o resultado. Esperar que o povo, ou as forças armadas, ou sabe-se lá o quê, intervenha para evitar a posse do vencedor.

Foi também sugerido ao roteirista que, caso necessário, será possível criar, antes do final das filmagens, uma CPI (Comissão Parlamentar de Inquérito) para dar mais credibilidade à tese de que todos, sem exceção, inclusive os institutos de pesquisa com a publicação de resultados falsos, têm apenas o único objetivo de fazer com que os eleitores votem contra o candidato da extrema direita.

Para o roteiro ser o mais verossímil possível e convincente ao espectador não muito letrado, é também necessário apelar para a trilogia infalível que não necessita de projetos, nem de realizações e que na verdade não quer dizer nada. Nesse caso, mesmo incoerente e demagógica, tem forte apelo junto aos desavisados. Então será usada a arcaica trilogia dos farsantes. Deus, Pátria e Família, apesar de que isso pareça não ser possível, devido aos novos protagonistas. Mas sempre vale a pena usar essas armas do arsenal. Fazem barulho, sem dúvida, e podem resultar em mais alguns votos.

Como consequência, foi usado o nome de Deus como nunca. Inclusive contra o mandamento que manda não usar o Seu nome em vão. E, portanto, não deixar claro se é Ele que está ao lado do candidato ou o candidato ao lado Dele. E insistir que Ele será defendido, apesar de não precisar de defesa e estar ao lado de todos. Mas isso não importa. Repetida à exaustão, uma parcela do povo acreditará que Deus está nas fileiras do direitista. Apesar de todas as demonstrações, durante o mandato, e antes dele, que o candidato-presidente pode ser tudo, menos cristão. Pois, será cristão, estar ao lado Dele e ridicularizar pessoas com falta de ar à beira da morte? É cristão lamentar que a ditadura não tenha matado mais trinta mil opositores do regime autoritário e afirmar ser um covarde assassino torturador o maior herói brasileiro?

Como é possível, sem uma imensa dose de hipocrisia e cinismo como também total falta de ética do diretor e dos produtores verde-amarelos apresentar o candidato-presidente como cristão e defensor da doutrina de Deus, que afirmou em declaração pública ter sido a cavalaria americana muito competente na eliminação dos povos indígenas da América do Norte e lamentar a falta de competência da cavalaria brasileira, que não obteve o mesmo *êxito* da americana. Faltou também lembrar que a cavalaria de Osório jamais esteve envolvida nesse tipo de *missão*.

Quanto ao patriotismo, é apropriar-se indevidamente de todos os símbolos, hinos, cores da Pátria e declarar-se patriota. Como o candidato-presidente trocou de partido mais de uma dezena de vezes, ele é imune à identificação. Basta usar os símbolos e as cores, que são, é óbvio, de todos os brasileiros na sua campanha. Nunca os do seu partido, ou os da sua ideologia, que devem ser esquecidos. Jamais divulgados.

É ser patriota, por ser patriota. Nunca por algum motivo real. Passou grande parte da vida na Câmara Federal com pífia atuação; sua família não pode ser considerada como exemplar para quem se pretende patriota. Pelo contrário, todos com várias acusações de desvios de recursos públicos e nenhum trabalho real para o bem da Pátria. Mas isso também não importa.

Patriota?

É possível alguém de bom-senso ter como patriota um militar que planejou três atentados terroristas frustrados por incompetência, para pedir aumento do soldo? Patriota?

Em editorial de 25 de fevereiro de 1988, do *Noticiário do Exército*, veículo oficial do Exército brasileiro, publicado no Quartel-General, em Brasília, o Exército afirma que Bolsonaro mentiu e maculou a dignidade militar quando declarou ser inocente na tentativa terrorista frustrada de explodir bombas em duas unidades militares, na Vila Militar do Rio de Janeiro e na Academia Militar das Agulhas Negras, e no Sistema Guandu de abastecimento de água do Rio de Janeiro, visando a prejudicar o comandante do Exército, gen. Leônidas Pires Gonçalves. Bolsonaro foi então considerado indigno para a carreira militar, carreira que não admite a desonra e a deslealdade. Patriota?

Resta o discurso da família. Aqui, ainda grandes e graves dificuldades. O presidente-candidato foi casado várias vezes, tem filhos com diversas mulheres e todas elas também são passivas de problemas junto ao erário e à receita Federal, como aquisição de casas milionárias, renda maior que a declarada, recebimento de cheques não justificados e funções em gabinetes do candidato quando deputado, não explicadas. Os filhos, seguindo o bom exemplo do pai, usam também de expedientes pouco recomendáveis para aumentar o patrimônio familiar. E vários membros da família, por alguma razão não conhecida, utilizam forma de pagamento não habitual quando da aquisição de dezenas de bens imóveis. Mas a tática continua a mesma. Repetir à exaustão que o candidato-presidente tem a exclusividade de Deus, da Pátria e da Família.

Alguns apoiadores mais fanáticos e ainda mais *esquecidos* (quase todos golpistas ou apoiadores da ditadura de 64) lembraram de juntar a Deus, Pátria e Família, a Liberdade. Acreditem, todos eles não só apoiadores dos golpistas antidemocráticos, tendo inclusive o candidato-presidente elogiado os torturadores da época, agora são os defensores da liberdade. Quem sabe sonham, em nome da liberdade, voltar a uma ditadura, para continuarem a se beneficiar de privilégios indecentes.

Não deverá ser deixada de lado uma clara alusão, esta também mentirosa, que o candidato adversário é, digamos, se não favorável, pouco preocupado com desvios sexuais, principalmente com crianças, assunto que sempre causa grande interesse entre pessoas de péssimo caráter. Para combater esses desvios, a população pode contar com o apoio do candidato-presidente, e dos ministros de igrejas simpáticas, habituais divulgadores dessas indescritíveis sujeiras. O filme passa a insistir, então, com a participação de bizarra ministra, que o candidato-presidente vai defender a inocência das nossas crianças, ao contrário do candidato adversário. Assim mesmo, podemos ficar tranquilos. O capitão é o nosso anjo da guarda.

No final da filmagem, um auxiliar nacional do diretor americano tentou colocar no filme cenas que estariam mais de acordo numa comédia, com lançamentos de granadas e dezenas de tiros de fuzil, mas não obteve êxito. Também foi tentada por uma *autoridade* uma denúncia mal fundamentada sobre fraude na campanha do candidato-presidente, que tumultuaria as eleições e visava a transferi-las para uma nova data. Mas isso foi desconsiderado por um corajoso juiz, que, com sábia decisão, jogou por terra também essa desesperada tentativa.

Até aí o roteiro está completo.

No primeiro turno, nada que não fosse esperado aconteceu. Como o candidato opositor não alcançou os 50% mais 1 dos votos necessários, o candidato-presidente, sempre mostrando desconfiar do resultado para, quem sabe, impedir o inevitável, não reconhece a derrota; quer saber antes a opinião do Ministro da Defesa. Pode então, a qualquer momento, alegar que houve fraude nas eleições. Já aparecem propostas para que no futuro o TSE seja presidido pelo General Comandante do Exército, para assim evitarmos certos *aborrecimentos* desnecessárias.

Começa então a campanha para o segundo turno, com o roteirista americano e seus auxiliares nacionais dando maior ênfase aos costumes, agora tendo o candidato-presidente como único defensor dos valores civilizatórios do Ocidente e do Cristianismo e insistindo em colocar o seu opositor como aliado dos regimes autoritários da América Latina. Os menos informados vão pensar que o candidato opositor foi Ministro nos governos de Chaves e teve grande influência na política peronista que domina a Argentina há praticamente um século. Não custa tentar.

No último debate televisivo, que deverá fazer parte deste filme e que foi transmitido ao vivo pelo canal de maior audiência do país, o roteirista contou com a participação de um histriônico autodeclarado padre, de uma *igreja* desconhecida que proporcionou cenas da maior vulgaridade possível e que, na opinião de muitos, serviu para mostrar o desespero, o caráter e a falta de qualquer senso crítico da equipe e do candidato-presidente.

O final é que não estava no *script*. Apesar de a máquina governamental ter trabalhado como nunca, apoiando o candidato-presidente, dos cinquenta e um bilhões de reais entregues aos mais pobres na véspera da eleição e das mentiras, o candidato adversário somou mais de 60 milhões de votos, e, assim como na metrópole, o sonho acabou. O povo não se vendeu. O medo, na classe média, do final do Cristianismo e da civilização ocidental também não foi tão grande, e ao candidato-presidente cabia aceitar o resultado e cumprimentar o vencedor.

O filme ganha as ruas –
A ousadia dos ignorantes

Em uma análise posterior à apuração e observando a distribuição dos eleitores de cada candidato, em muitas das subdivisões possíveis, pode-se afirmar que o filme teve relativo sucesso e que o candidato-presidente por pouco não venceu. Sem falar do percentual de votos entre militares e policiais, já há muito tempo identificados com o candidato, por motivos conhecidos, é fato que em setores importantes, e para muitos analistas com uma vitória pouco provável do candidato-presidente, ele não apenas venceu como mostrou inegável capacidade de liderança.

Se não vejamos. Não foram poucos os formadores de opinião, cientistas, médicos, profissionais liberais, engenheiros, advogados, que simplesmente esqueceram ou não se importaram com tudo que foi dito e feito durante todos estes anos e não só votaram no candidato como abertamente o apoiaram. Polêmicas superadas, há séculos, na época da Inquisição e do obscurantismo, que todos acreditávamos superadas, voltaram a nos fazer perder tempo, como a negação da ciência médica, da eficiência das vacinas e até mesmo o formato esférico da Terra foram colocados em dúvida.

Nada disso se mostrou suficiente para que grande parte da nossa *elite acadêmica*, deixasse de apoiar e votar no candidato derrotado e sonhar após a apuração dos votos que *alguma coisa* ainda não muito bem explicada impedisse a posse do candidato vencedor. Será que se converteram em fiéis da nova (velha) religião, cujo Deus é o dinheiro? E que despreza a ciência, o bom-senso e a cultura?

Também não foram poucos os políticos que combateram a ditadura militar, ou que mais jovens escolheram a legenda do MDB, o maior opositor da ditadura, que apoiaram o candidato-presidente, que não tem a democracia como norte e, sabemos todos, é um grande defensor do regime militar e lamenta não ter esse regime assassinado mais alguns milhares de opositores e louvar um marginal torturador como o maior herói brasileiro. Muitos destes *apoiadores*, seriam aqueles que o regime militar deveria ter eliminado na opinião do candidato-presidente. Pela maneira como esses políticos, *exs*. ou atuais emedebistas se colocaram na defesa do capitão saudoso de 64, é de supor que todos eles queriam apenas os nossos votos. Foi puro teatro a oposição que faziam ao regime militar.

Também majoritário foi o apoio e votos do setor *religioso* ao candidato derrotado. Apesar das suas declarações nada cristãs, aqui já comentadas, o ajudaram a publicitar mentiras que o candidato opositor seria contra a liberdade religiosa, fecharia igrejas e não se preocupava com denúncias de exploração sexual de nossas crianças. Talvez tenham que prestar contas quando na presença do Senhor, conforme a fé por eles defendida.

E por fim até em minorias assim chamadas, apesar de serem maioria no Brasil, do pouco caso e do desprezo como foram tratadas durante o governo do candidato derrotado, este obteve um nada desprezível número de votos. Um membro dessa minoria, quando nomeado para a presidência de uma Fundação que deveria atuar para a proteção e o estímulo da história e da cultura dessa determinada minoria, esse funcionário teve a ousadia de declarar ter sido uma bênção a escravidão. Mesmo assim não foram poucos os votos dados por essa minoria (maioria) ao candidato derrotado.

O filme fez passar a ideia de um candidato liberal, conservador e democrático. Tarefa difícil, pois o candidato é autoritário, não tem nada de liberal e menos ainda de conservador. Seu pensamento político é de revisionista, pois não aceita como se estabelece o processo político atual. Pretende uma volta ao passado. Passado de triste memória, onde o chefe do Executivo, ungido pelas Forças Armadas, detinha o poder absoluto, podendo nomear ou cassar parlamentares ou ministros dos Tribunais superiores. E democrático é tudo o que ele não é.

O que se viu após longo e doloroso silêncio foi um discurso patético, com algumas obviedades e muitas mentiras, onde ele se declara o líder da direita, que, imaginem, agora existe no Brasil. Se direita for sinônimo de ignorância, pode ser, pois a direita que sempre existiu era culta e civilizada, e apenas pela falta histórica de amor à democracia é possível compará-la à atual, desprovida de ideias, ética e moral.

Como se necessário, para confirmar a falta histórica da direita de respeito pela democracia, quando da diplomação dos eleitos, *apoiadores* do candidato derrotado ofereceram ao país uma demonstração de falta de educação cívica, de nenhum apreço pelas nossas instituições democráticas, e o que realmente querem dizer quando afirmavam, em diversas outras manifestações *democráticas* de apoio às sandices do candidato-presidente, que – *supremo é o povo*. E – *eu autorizo*.

Como vulgares terroristas, financiados por *empresários quadrilheiros*, que mantêm esses apoiadores acampados em frente do QG do Exército em Brasília, queimaram ônibus, automóveis, interromperam o tráfego normal e o deslocamento da população, além de causar pânico nas pessoas que circulavam pela cidade, tentando com isso a intervenção do Exército para restabelecer a ordem e impedir, como se possível fosse, a posse dos eleitos. Não alcançaram seus funestos objetivos.

É possível que, frustrados pelos acontecimentos que não mostram grandes avanços para os *patriotas*, quem sabe também influenciados pelo *filme* e com a doença ideológica já em estado avançado, "apoiadores CAC", *empresários do bem*, resolveram tomar as rédeas do processo, decepcionados que estão com a passividade do *líder*, com o silêncio dos comandantes militares e com a omissão dos ETs, que, chamados, até agora não compareceram.

Para produzir o caos e, quem sabe, fazer o Exército intervir para impedir a posse do candidato eleito, caso decretado o estado de sítio, tentaram explodir um caminhão-tanque, carregado de querosene para aviação, no Aeroporto de Brasília no dia de Natal. Um ato terrorista de extrema gravidade, que teria causado a morte de inúmeras pessoas e provocado pânico em toda a Capital Federal. Foram incapazes de executar esse projeto por total incompetência e descobertos pela polícia, avisada pelo motorista que visualizou o artefato explosivo acoplado no seu veículo.

No apartamento alugado por esse empresário *patriota*, que obviamente executaria esta insanidade pensando *em Deus, na Pátria e na Família*, e que atende pelo sugestivo nome de George Washington, foi encontrado um verdadeiro arsenal, com armas, munições, bombas e uniformes. Um digno servidor das sandices presidenciais que não cansa de repetir – povo armado jamais será escravizado.

Não se deve excluir a hipótese que os roteiristas e coprodutores aqui da colônia, na intenção de oferecer um *gran-finale* ainda mais *eloquente* que o da metrópole, tenham usado desses elementos *ideológicos* para a execução dessa tarefa, digna de apoiadores do inigualável *Trump dos trópicos*.

Não comparecendo à posse dos eleitos, o candidato derrotado, por "qual será o motivo? ", preferiu passar o final do ano com o amigo Donald, em Orlando, na Flórida, e o vice, com argumento pouco convincente, também não estava presente para a entrega da faixa presidencial, uma tradição que parece não interessar aos *conservadores* da terra.

A solução encontrada, sem dúvida, ficará marcada para sempre, pelo significado e pela beleza democrática.

O povo, este fantástico povo brasileiro, representado pela sua diversidade única, passou a faixa presidencial para o candidato eleito.

– Supremo é o povo. Não tenham dúvida.

Como numa peça de teatro de baixa qualidade, onde o dramaturgo não soube como terminá-la, aqui talvez por terem sido abandonados pelo diretor americano, os roteiristas *patriotas verdes-amarelos* nos brindaram para o final da cópia tropicalizada com uma paródia da Marcha sobre Roma, que, casualidade, acaba de comemorar 100 anos.

Os fascistas daqui esqueceram que lá o regime era parlamentar e que o Rei, para essa turma, provavelmente o Comandante do Exército, não tem o poder constitucional de nomear um novo governo, com o candidato derrotado como presidente.

Mas a encenação foi perfeita. Assim como em Roma, os vândalos, de camisas pretas (aqui fantasiados de verde-amarelo), abusaram da violência, da falta do patriotismo e do mais absoluto desprezo pela ordem democrática. Praticamente destruíram o interior do Palácio do Planalto e dos Palácios sedes do Congresso Nacional e do Tribunal Superior, com graves danos ao Patrimônio Cultural e Histórico, além de ofender o simbolismo que esses prédios detêm para a nossa ainda jovem democracia.

Na esperança de que algum chefe militar assumisse o comando da nação e declarasse o candidato derrotado o novo presidente, os camisas-negras (verde-amarelos) deram ao país um espetáculo de selvageria e vulgaridade nunca visto. Como não apareceu ninguém para tomar o poder, os participantes dessa ópera bufa estão sendo levados todos, desde os conspiradores, os *teóricos ideólogos*, os apoiadores, os financiadores e os executores, para os tribunais, onde deverão receber as devidas penas e pagar por seus crimes.

REFERÊNCIA DO FILME 2

CARVALHO, Luis Maklouf. *O cadete e o capitão:* a vida de Jair Bolsonaro no quartel. São Paulo: Todavia Editora, 2019.

FILME 3
Uma vitória nada simples

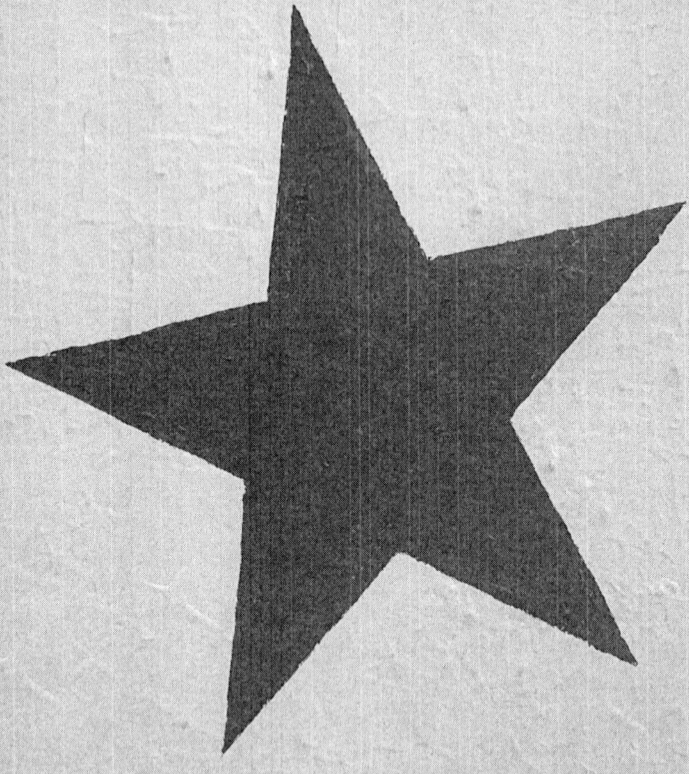

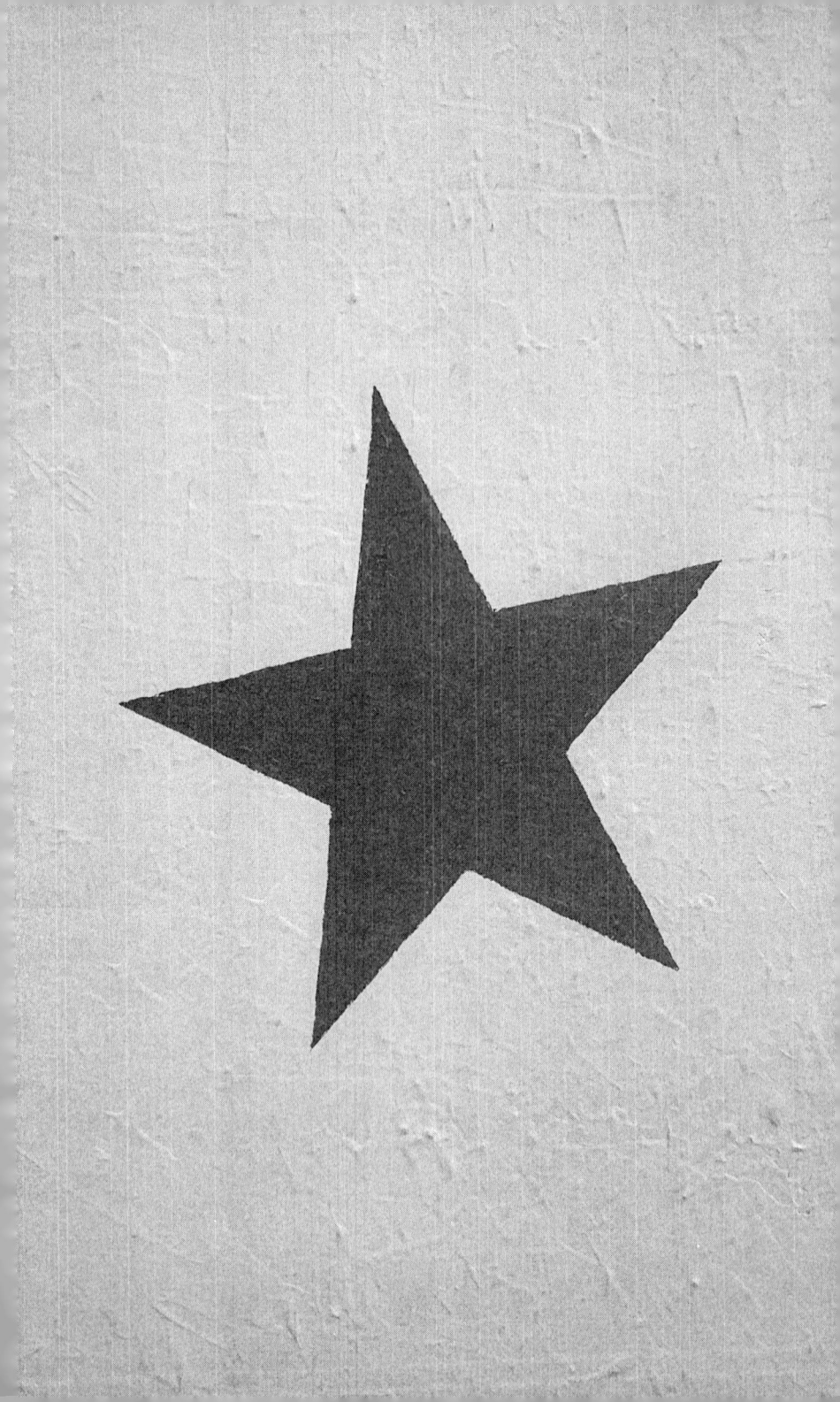

[...] Que se calem na Alemanha, que se calem os fascistas, é natural, e no fundo não nos desagrada. Suas palavras não nos servem para nada, não esperamos risíveis tentativas de justificação da parte deles. Mas o que dizer sobre o silêncio do mundo civilizado, da cultura, nosso próprio silêncio, diante de nossos filhos, dos amigos que regressam de longo exílio em países distantes? Ele não se deve apenas ao cansaço, ao desgaste dos anos, à atitude normal do *primum vivere*. Não se deve à vileza. Existe em nós uma instância mais profunda, mais digna, que em muitas circunstâncias aconselha-nos a calar sobre os campos de concentração ou, pelo menos, a atenuar, a censurar suas imagens, ainda tão vivas em nossa memória.

É a vergonha. Somos homens, pertencemos à mesma família humana de nossos carrascos. Diante da enormidade de sua culpa, também nos sentimos cidadãos de Sodoma e Gomorra; não conseguimos ser alheios à acusação de um juiz extraterreno que, na esteira de nosso próprio testemunho, levantaria contra a humanidade toda.

[...]

É bom que essas coisas sejam ditas, porque são verdadeiras. Mas que fique bem claro que isso não significa associar vítimas e assassinos: isso não alivia, pelo contrário, centuplica a culpa dos fascistas e dos nazistas. Eles demonstraram para todos os séculos vindouros as insuspeitas reservas de perversidade e de loucura que jazem latentes no homem depois de milênios de vida civilizada, e esta é uma obra demoníaca. Trabalharam com tenacidade para criar sua gigantesca máquina geradora de morte, de corrupção: um crime maior não seria concebível. Construíram seu reino com insolência, por meio do ódio, da violência e da mentira: seu fracasso é um alerta.[1]

---

[1] LEVI, Primo; DE BENEDETTI, Leonardo. *Assim foi Auschwitz*: testemunhos 1945-1986. São Paulo: Companhia das Letras, 2015.

Não há história muda. Por mais que a queimem, por mais que a quebrem, por mais que mintam, a história humana se recusa a ficar calada.

Eduardo Galeano

Paris

Andreas Füllkrug, Oberstlentnant SS, há quase dois anos servindo nas tropas de ocupação na França, no Quartel-General, em Paris, estava com o olhar fixado na igreja de Saint Germain e pensando na ventura que teve quando foi incorporado nas forças que partiram para a frente ocidental. A França, que estava contando com uma guerra de três a quatro anos, como em 1914-18, desmoronou e rendeu-se em apenas seis semanas.

Queria apenas livrar-se de, eventualmente, receber os delatores de Vichy, que entregavam seus compatriotas franceses, judeus ou comunistas ou membros da resistência. Detestava traidores. Por incrível que possa parecer, tinha simpatia por esses *capturados*, que com extrema dignidade enfrentavam interrogatórios e torturas. E que, na maioria das vezes, ou eram mandados para os campos de trabalhos forçados ou fuzilados, após *sentença* sumária.

Dos aliados, desprezava a todos. Apesar dos conselhos e das já distantes longas conversas com seu pai e da biblioteca humanista da sua casa paterna, com o tempo ele passou a simpatizar e em muitos casos concordar com o que acontecia nas ruas e com a opinião que tomava conta de grande parte da sociedade alemã: a raça superior, a supremacia alemã e a ideia de que as raças inferiores seriam as culpadas pelo caos econômico que a Alemanha havia passado.

Esses franceses, então, entregaram-se quase sem lutar. E agora, muitos se imaginam aliados. Nem todos, sabia bem, quantos ele próprio tinha conhecido nos calabouços de Paris. E sabe que tiveram tempos bem melhores. No passado, distante sem dúvida. Ou então como explicar Paris, a arquitetura, as artes, a culinária, os vinhos! Mas o que houve? O que aconteceu? Quem sabe, muita educação, cultura! Sem dúvida, o Partido tem razão. Precisamos voltar às nossas tradições mais antigas. Às nossas raízes. As verdadeiramente germânicas. Ou então, com o tempo, seremos todos como os franceses.

Apesar de faltar pouco para o inverno, o Tenente-Coronel terminou o creme de cebola, que saboreava sentado ao ar livre, na Brasserie Les Deux Magots, chamou o garçom, pagou a conta e saiu caminhando em direção ao Sena. Por alguma razão não sabida, ele queria passar pela Catedral. Entrar, quem sabe. Apesar de evangélico, o interior da Notre-Dame o tranquilizava e lhe devolvia a paz interior, que há muito perdera na sua cidade, na vida civil. Apreciava toda a ilha, as pontes, os jardins, a Sainte Chapelle, todo aquele cenário das ilhas do rio.

Que sorte ter sido mandado para cá! Participou de alguns combates, mas já os havia esquecido. Há quase dois anos em Paris, no Quartel do Comando da Ille de France, sem dar nenhum tiro e com uma vida que não sonhara ter, Andreas Füllkrug estava preocupado.

Se os eslavos, aquela raça inferior, não se renderem logo, uma boa parte das tropas que estavam praticamente de *férias* no *front* ocidental deverá ser deslocada para as estepes da Rússia. E ele bem sabia, não seria uma continuação da temporada parisiense.

Depois de um longo passeio pelas ilhas de Saint Louis e de La Cité e por Saint Germain, Andreas foi jantar num pequeno bistrô não longe do Odeon e da Igreja de Saint Suplice. E ainda cedo já estava no hotel.

No quarto, escreveu uma longa carta para a sua mulher, Ingrid. Esforçou-se para não parecer preocupado. Não queria que sua mulher e seus dois filhos pequenos pudessem pensar que ele temia que em breve tudo isso terminaria e que ele seria mandado para o Leste. Esperando o sono, lembrou-se dos anos entre as guerras, da inflação sem controle, dos socialistas como o seu pai, que propunham mudanças e dos populistas, que, com um discurso fácil, que rapidamente conquistou grande parte da população, resolveriam todos os problemas complexos. E da aristocracia, que com o apoio entusiasmado da burguesia, logo passou a apoiá-los, para barrar o avanço dos socialistas.

E da loucura que tomou conta da nação nos últimos anos. O Reich dos mil anos. A grande Alemanha. A raça superior. A força vencendo a razão. A grosseria, a cultura.

Günther Bender e Franz Schmidt, seus amigos e colegas de Düsseldorf, não tiveram a mesma sorte. Os dois foram mandados para o *front* oriental, na Polônia, onde a ocupação foi muito mais difícil. Os combates não só foram intensos e cruéis, e, pior, quando enfim terminaram, as tropas alemãs ficaram frente a frente com os soviéticos. Estes bem menos civilizados, meio asiáticos e nada amistosos.

Já há alguns meses estão nas tropas que invadiram a Rússia, na Operação Barbarosa, onde Hitler prometeu a vitória em poucos meses, mas a realidade está sendo bem diferente.

Corriam boatos cada vez mais insistentes que a resistência do Exército Vermelho tinha detido a invasão ainda longe de Moscou. Também em Leningrado, a Werhmacht não estava obtendo sucesso e, pior, no sul, em Stalingrado, os russos só não detiveram o Exército Alemão, como estavam prestes a derrotá-lo em todas as frentes.

Quando tomou conhecimento, numa manhã chuvosa, no Quartel-General, que parte das tropas de ocupação da Europa Ocidental seriam deslocadas para o Leste, procurou saber dos seus amigos Günther e Franz, mas não teve respostas.

Foi informado apenas de que o major Franz Schmidt partira com as tropas de Von Paulus, rumo aos campos de petróleo do sul da Rússia e que o major Günther permanecera em Varsóvia. Não teve maiores informações. A organização no *front* oriental era bem diferente da que os alemães mostravam em Paris.

Mas ainda sentia-se confiante. O invencível exército dos povos germânicos não seria derrotado pelos inferiores eslavos, ainda mais se comandados por judeus bolcheviques. Contudo, o que ocorreu nos anos posteriores fez com que ele entendesse que estava completamente errado.

Ainda no outono os boatos aumentaram. O exército alemão enfrentava grandes dificuldades, com enorme número de baixas, não avançava no sul, na tentativa de alcançar os campos petrolíferos do Cáucaso. E também recuava depois de chegar nas proximidades de Moscou. Andreas sabia que mais tropas seriam enviadas para o Leste.

O Oberstlantant Andreas estava apreensivo. A qualquer momento poderia receber a ordem para marchar com as tropas que seguiam para as estepes. Sua temporada parisiense terminou antes de ser deslocado para a Rússia. Não pensava em outra coisa, e tudo perdeu a graça.

Limburg

Andreas sempre pensou voltar para a sua Limburg. Aqueles longos anos, que por força dos estudos e da profissão fizeram com que ficasse afastado da sua linda cidade, serviram para deixar ainda mais claro que o seu lugar era mesmo Limburg. Nem a beleza e a paz de Heidelberg, onde estudou, ou a agitação cosmopolita de Frankfurt, onde trabalhou logo após formado, mudaram essa certeza. E assim que foi possível, o advogado Andreas e sua esposa, Ingrid, já com dois filhos, voltaram para a tranquilidade dos subúrbios de Limburg e para a proximidade dos amigos e da família.

Algum tempo depois, Andreas foi obrigado, pelas circunstâncias, a encerrar suas atividades como advogado, já com boa reputação e clientela. Pouco antes do alistamento compulsório na Werhmacht, influenciado por amigos, aceitou a sugestão e alistou-se nas SS. Esperava um serviço mais administrativo e que com a sua formação teria uma rápida carreira para as patentes mais altas. Mas ainda em Paris começou a arrepender-se da escolha. Não tinha sido educado para certas coisas.

O Oberstlentnant Andreas não gostava de política e não era muito religioso, apesar de filho de um clérigo luterano. Habitualmente votava no SPD, mais pelos candidatos, que conhecia dos tempos da Universidade e pela influência do pai, e não por grande afinidade ideológica. Mas nunca apoiou, nem votou, nos ultranacionalistas. Nem mesmo quando essas ideias começaram a crescer no meio que frequentava.

Caso não tivesse conhecido a Ingrid, sua colega na Faculdade de Heidelberg, com certeza voltaria a se aproximar de Anna, sua colega nos bancos escolares, desde sempre, desde quando ainda criança. E que se tornara a moça mais linda que conheceu. Tinha certeza que ela não poderia não ter algum sentimento por ele. Notava que o seu rosto ruborizava quando ele estava por perto.

Esses tempos tranquilos em Limburg logo terminaram. Quando se deu conta, estava como Major no Quartel Regional das SS, em Düsseldorf, assistindo, ou melhor, participando da escalada militarista alemã.

Ingrid, os filhos, a família e os amigos, só os via quando de licença passava uns dias em Limburg. Certa vez perguntou a alguns amigos se tinham notícias da Anna e da sua família e ficou contente quando soube que todos estavam bem e que a loja de ferragens do senhor Israel não fora depedrada na noite dos cristais.

Numa das últimas visitas a Limburg, quando já há muito em Paris, foi até a loja do pai da Anna e aconselhou a família a, logo que possível, deixarem a Alemanha. Na sua posição, poderia facilitar essa saída e sentiu medo nos olhos da Anna e nas palavras do senhor Israel. Ajudou-os na obtenção dos documentos, dos vistos, no alojamento temporário e descansou quando, enfim, embarcaram para a América. Esta foi a última vez que viu Anna, a menina mais linda e simpática da escola.

Rússia

Um tiro certeiro, dado por um dos inúmeros atiradores de elite soviéticos, que se escondem nos escombros daquilo que foi uma cidade, pôs fim à vida do Major Franz Schmidt. O inverno estava chegando na região de Stalingrado e as tropas do General Von Paulus não encontravam uma maneira de vencer a estratégia soviética, que estava levando a Werhmacht a sua primeira grande derrota. Tão grande, que nesse início de 1943 Hitler promoveu o General Von Paulus a Marechal de Campo, tentando evitar a rendição incondicional de todo o exército alemão na área, que colocaria em cheque não só a invasão à Rússia, mas a própria sobrevivência do nazismo.

Quando o Tenente-Coronel Andreas foi informado da morte, em combate, do Major Schmidt, seu colega e amigo em Düsseldorf, ele estava há quase um ano no Quartel-General das tropas alemãs de Peterhof, Leningrado, foi quase impossível conter o desespero. Se em Stalingrado, o exército alemão sofria derrotas cada vez maiores, com custos de centenas de milhares de vidas, também o cerco de Leningrado a cada dia se tornava mais insustentável.

Andreas lembrou-se dos filhos, da Ingrid, da tranquila Limburg, da Anna, do porquê de tudo aquilo, dos conselhos do seu pai, da ignorância, das mentiras, que de tanto repetidas passaram a ser verdades, e teve vontade de desertar. De fugir. De morrer.

A tomada da cidade, que no início parecia questão de semanas, tornou-se impossível. Quanto mais numerosas e violentas as investidas contra a cidade dos blindados alemães e cruéis os ataques aéreos, maiores as baixas. E as semanas transformaram-se em anos. Quase dois anos, e a resistência continua a mesma.

As baixas soviéticas eram também numerosas, mas os defensores e os habitantes da orgulhosa Leningrado não davam sinais de desistir. Pelo contrário, seguiam cada vez mais cruéis e combativos.

Poucos dias depois, não oficialmente, pois isso deveria ser mantido em segredo, todos em Leningrado ficaram sabendo da rendição incondicional do exército alemão no sul da Rússia. O Marechal de Campo Von Paulus escolheu passar como único Marechal a render-se em toda a história alemã, a condenar a morte seus 250 mil soldados, que, milagrosamente, ainda sobreviviam depois de cruéis enfrentamentos com os soviéticos, que deixaram mais de um milhão de mortos nos campos de batalha e nos escombros da cidade.

A batalha de Stalingrado.

Com frequência se diz que o destino de Stalingrado foi selado pela obstinada recusa de Hitler em recuar. Isso é apenas parcialmente verdadeiro, porque Stalin tinha a mesma obsessão. Ele se recusava terminantemente a ordenar uma retirada da cidade que tinha o seu nome. Poderia ter sido prudente tirar o sitiado 62.° Exército, de Tchuikov, das ruínas e concentrar-se na defesa da margem leste do Volga. Em vez disso, enormes esforços foram transportados através do rio para impedir a capitulação e para apertar o cerco de Rokossovski. Stalin, assim como Hitler, compreendia muito bem a força de um símbolo.

    O que se seguiu já foi descrito como o maior moedor de carne da terra. Também poderia ser comparado a uma queda de braço gigante, em que nenhum dos lados está disposto a ceder sequer um centímetro. Não foi uma guerra urbana convencional. Foi uma intensa e feroz disputa entre dois exércitos profissionais, com os dois lados empregando artilharia pesada, tanques, bombardeios de mergulho e – no caso do Exército Vermelho – ataques frontais a curta distância da infantaria. Prolongou-se por 11 semanas.

As autoridades soviéticas eram implacáveis. "Na cidade em chamas", escreveu Tchuikov, "não tínhamos covardes, não havia espaço para eles". Soldados e civis se alentavam com a citação de Lenin feita por Stalin: "Aqueles que não auxiliam o Exército Vermelho de todos os modos possíveis... são traidores e devem ser mortos sem piedade." Todo "sentimentalismo" era rejeitado.

O cerco encolheu gradualmente. No começo, seu diâmetro tinha cerca de 65 quilômetros. Em janeiro de 1943, foi reduzido devido a uma sucessão de súbitos reveses. No dia 8, o gen. Rokossovski pediu que se rendessem. No dia 10, ele iniciou uma ofensiva geral. No dia 14, os soldados alemães em combate receberam apenas duzentos gramas de pão. Dia 22 a temperatura caíra para 20º negativos e perdeu-se a última pista de pouso e decolagem. O Exército Vermelho zombou pelo rádio: "O inverno russo apenas começou". O gen. Paulus também tinha comunicação por rádio – o Führer recusou-se a permitir a capitulação. As tropas alemãs, disse ele, deveriam fazer "uma inesquecível contribuição para a salvação do mundo ocidental". Essa contribuição certamente foi inesquecível.

No fim do mês, soldados alemães da linha de frente começaram a erguer bandeiras brancas de suas trincheiras congeladas sem permissão para tanto. Outros escreveram bilhetes falando do seu imperecível amor pelo Führer antes de se matarem com um tiro. No final de janeiro, o próprio gen. Paulus aceitou o inevitável. Com ele seguiram rumo ao cativeiro 90 mil sobreviventes dos 250.000 que haviam partido três meses antes. Metade dos prisioneiros morreu no espaço de uma a duas semanas após a captura.

Com o 6.º Exército eliminado, os alemães foram forçados a recuar ao longo de suas linhas do sul. O Grupo B do Exército retrocedeu com velocidade do Cáucaso para evitar ser isolado. A breve incursão da Wehrmacht pelos territórios da Rússia terminou com sua retirada para a Ucrânia. A segunda grande ofensiva da Alemanha na Frente Oriental fracassara.[2]

Também nesses dias no QG de Peterhov começaram a comentar que o envolvimento americano seria maior. Estava ficando claro que a União Soviética havia derrotado a Alemanha e nem os americanos, nem os ingleses aceitariam essa vitória. Eles teriam que enfrentar as forças do Eixo no continente europeu e assim evitar que a URSS triunfasse em toda a Europa.

Senão vejam a declaração do lorde Rothermere, magnata da imprensa britânica, antes da guerra:

> Na Itália, Mussolini foi o antídoto a um veneno mortal. Para o resto da Europa ele tem sido um tônico que fez a todos um bem incalculável. Posso alegar com sincera satisfação que fui o primeiro homem numa posição de influência pública a iluminar com uma luz correta a esplêndida conquista de Mussolini. Ele é a maior figura da nossa época.[3]

---

[2] DAVIES, Norman. *Europa em guerra*. Rio de Janeiro: Editora Record, p. 125-129, 2006.
[3] ORWELL, George. *O que é o fascismo?* E outros ensaios. São Paulo: Companhia das Letras, 2017.

Quando as tropas nazistas abandonaram Leningrado, o já então Coronel Andreas seguiu com o grosso do exército para um ponto mais ao sul, onde encontraram as divisões que estavam se retirando do ataque a Moscou. Depois de centenas de milhares de baixas, aquele Exército tinha pouco do orgulho e da eficiência que o caracterizava quando do início da invasão para a conquista da Rússia.

A batalha de Kurks.

O Exército Alemão e o Exército Vermelho encontraram-se em Kurks, e ali travaram a última e decisiva batalha. Aqui, praticamente terminou a guerra, com a derrota dos nazistas. Depois de milhões de baixas, de uma carnificina jamais vista, o sonho do Reich de mil anos, a ilusão da conquista de terras soviéticas e de campos de petróleo, para a expansão do povo alemão, tinha ruído. E a queda do regime em Berlim era apenas uma questão de tempo.

Na sequência de Stalingrado, o Exército Vermelho prosseguiu em sua marcha contínua à frente. Em quatro meses forçou o setor sul do *front* a recuar quinhentos quilômetros, até se formar um imenso saliente, uma linha avançada de trincheira que ameaçava separar o Grupo Central do Exército Alemão do sul. No meio da trincheira ficava a pequena cidade russa de Kursk, ao sul de Moscou e adjacente à fronteira ucraniana. É o nome que todos os historiadores da Segunda Guerra Mundial devem lembrar, ainda que esqueçam os demais. A essência de Kursk está no fato de que os dois lados sabiam que ele iria acontecer. Como resultado, ambos os lados reuniram quantidades inéditas de homens e máquinas, na esperança de conquistar uma vantagem decisiva.

O plano alemão previa um clássico movimento de pinça, com duas forças convergindo sobre o inimigo, que atravessaria o pescoço da trincheira, isolando a maior parte das tropas soviéticas das linhas de suprimento e facilitando o cerco. Deveria ser o confronto de vingança por Stalingrado, mas realizado sob o sol do verão. Kluge, no norte, diante de Rokossovski no centro, teve à disposição 17 divisões blindadas. Manstein, no sul, defronte a Vatutin, recebeu uma formação igualmente opulenta. A fé dos comandantes dos Panzers recaía sobre os novos Königstiger, os mais poderosos tanques de guerra. O início estava marcado para 3 de julho de 1943.

Em abril, Jukov já havia calculado que, se defesas suficientes pudessem ser posicionadas para absorver os ataques iniciais, o Exército Vermelho tinha mais que as reservas necessárias, especialmente de tanques, para desferir um devastador contragolpe blindado. Para a fase inicial, ele depositou sua fé e uma dose incalculável de trabalho pesado, em círculos concêntricos de campos minados e baterias repletas de armadilhas, canhões antitanques, obuses de longo alcance e lançadores de foguetes Katiucha. Para cada tanque alemão, ele alinhou 3 armas antitanque, 9 tanques, 50 foguetes por hora e 150 minas. Para segunda fase, ele colocava sua fé em 3.500 T-34, um tanque muito menor e menos poderoso que os Tigres alemães, mas incrivelmente veloz e ágil e projetado para caçar em bandos.

A primeira fase da batalha durou uma semana. Repetidas vezes, dia após dia, os Panzers moviam-se para a frente, com suas lagartas ruidosas e os canhões em ação, apressando-se para atravessar os obstáculos e romper as nuvens de metal jogadas em sua direção. Liderados pelos Tigres, eles acertavam seus adversários frontais com facilidade. Alguns deles atravessaram as primeiras linhas de defesa. Mas sempre davam de encontro com barreiras, sucumbiam ao fogo lateral ou eram imobilizados à distância por uma barragem de tiros de foguetes. Após uma semana, eles tinham avançado 6,5 quilômetros no norte e 15 quilômetros no sul. Estavam muito longe de Kursk.

A segunda fase teve início em 12 de julho. Três divisões de blindados alemães que se dirigiam à cidade de Prokhorovka, no perímetro sul, subitamente viram seu avanço bloqueado pelo 5.º Exército de Tanques da Guarda Russo, que dispunha do triplo de tanques dos alemães. Estima-se que 1.200 veículos blindados participaram da maior e mais intensa batalha de tanques de todos os tempos. Monstros de aço explodiam uns aos outros a curtíssima distância. Centenas de aviões atingidos caíram do céu. Destroços em chama e cadáveres carbonizados cobriam a estepe, mas foram os Panzers que, por fim, se dobraram. No 3.º dia enxames de T-34 invadiram as já então fracamente defendidas linhas alemãs e provocaram devastação ainda maior. A Alemanha perdeu 70.000 homens e 3.000 tanques; provavelmente os soviéticos perderam ainda mais, mas conquistaram o terreno sem exaurir suas reservas. Como o gen. Jukov bem sabia, o Exército Vermelho podia suportar maiores perdas e ainda assim continuar na luta.

Não há como superestimar a importância de Kursk. Esta foi a batalha decisiva da Segunda Guerra. A principal força de ataque da Wehrmacht foi tão completamente destruída que nenhuma outra grande ofensiva pôde ser lançada. De 1939 a 1943, durante esses cinco anos, Hitler repetidamente lançava uma temporada anual de Blitzkrieg. E cada uma dessas cinco temporadas dependeu da capacidade de reunir enormes concentrações de carros blindados com todos os serviços de apoio. A temporada de 1943 foi a última. O Exército Vermelho, ao contrário, apesar de severamente atacado, emergiu psicologicamente fortalecido e logisticamente equipado para desenvolver todas as ações de guerra com grande energia. No dia em que o gen. Jukov lançou seu contra-ataque em Kursk, as potências ocidentais ainda não haviam desembarcado um único soldado no continente europeu e, a partir desse dia, Jukov dirigiu-se tenazmente para o Führerbunker, em Berlim.

Enquanto isso, a máquina poderosa de Rokossovski avançava sem hesitar, não dando sequer um momento de pausa. Ele ganhou a estrela de marechal ao cruzar o rio Bug em 19 de julho, agora no centro da Polônia, a caminho de Varsóvia.

As ordens de Rokossovski eram de capturar Varsóvia em dois de agosto. Nesse dia a capital polonesa estava em chamas. A rádio soviética conclamava os cidadãos a se levantarem contra os opressores alemães. Mas neste dia, o gen. Model lançou um poderoso contra-ataque com quatro divisões blindadas, entre elas a divisão de elite Hermann Goring, trazida da Itália. A liberação de Varsóvia teria que esperar.

O equilíbrio geral das forças ainda permanecia esmagadoramente a favor do Exército Vermelho. Não fazia parte do manual soviético dar tempo ao inimigo para recuperar-se. Jukov e Rokossovski arquitetaram o plano para uma nova ofensiva. Após contido o contra-ataque de Model em duas semanas, fariam uma ofensiva para libertar Varsóvia. Depois disso, o cenário estaria pronto para um ataque geral na direção oeste, através da grande planície europeia. As defesas alemãs não estavam organizadas. Berlim estava no horizonte. O Exército Vermelho deveria entrar em Berlim em onze de dezembro.[4]

Andreas assistiu a tudo, sobreviveu e seguiu com as tropas em retirada até Varsóvia. Não tinham mais nenhuma esperança. O Exército Vermelho avançava irreversivelmente, e só um comando desumano, selvagem, não aceitava negociar para pôr fim ao conflito. A farsa de que em breve novas armas estariam à disposição do Reich e mudariam o curso da guerra era o argumento usado para evitar a humilhação da rendição aos inferiores eslavos-bolcheviques e causou a morte de mais alguns milhões de alemães.

---

[4] DAVIES, Norman. *Europa em guerra*. Rio de Janeiro: Editora Record, 2006. p. 130-133.

Visitante,
observe os restos deste campo
e reflita:
de qualquer país que venha,
você não é um estranho.

Faça com que sua viagem não tenha sido inútil,
que nossa morte
não tenha sido inútil.

Para você e para seus filhos,
as cinzas de Oświęcim
servem como advertência:
faça que o fruto horrendo do ódio,
cujos vestígios você aqui vê,
não dê novas sementes,
nem amanhã nem nunca.

    Ian Thomson, Primo Levi

Inferno

Como oficial de alta patente e dos poucos que tinham sobrevivido às duras batalhas nas estepes soviéticas, o agora Oberst SS Andreas foi transferido para o comando do campo de extermínio de Treblinka. Lá constatou com seus olhos o que o fanatismo cego, a falta de crítica e a obediência típica do soldado prussiano pode alcançar em falta de humanidade, brutalidade e barbárie. E que os crimes cometidos nesses *campos*, nunca divulgados, mas impossíveis de serem escondidos, eram ainda muito mais graves. E a selvageria, indescritível.

Como todo soldado alemão, Andreas não participou dos *trabalhos*, nem da *segurança* das instalações e dos operários. Apenas se ocupava da burocracia administrativa. O funcionamento do campo era de total responsabilidade de civis dos países aliados, quase sempre mais brutais que os próprios nazistas alemães.

Não levou muito tempo, e novas ordens foram recebidas pelo Coronel Andreas. Agora é urgente destruir qualquer vestígio dos crimes que ali foram cometidos. E isso vai exigir muita criatividade. Não se esconde num piscar de olhos o assassinato de centena de milhares de pessoas, cometidos durante anos, nem seus pertences, suas roupas e corpos. Os gerarcas nazistas em Berlim preocupam-se em esconder, como se possível fosse, seus horrendos crimes.

O Coronel Füllkrug sentia-se envergonhado, traído, enojado com o que via e participava. O que teria acontecido com os cultos e avançados germânicos? E não entendia o silêncio, a omissão e, muitas vezes, o apoio dos habitantes das terras invadidas, para com um regime doente, cruel, desumano.

Os soviéticos dispunham de pelo menos 3 ou 4 meses extras até que os exércitos ocidentais tivessem condições de ameaçar o oeste da Alemanha. A incursão contra Berlim foi adiada. Em vez disso, os soviéticos procuraram garantir o máximo possível de terreno no sudeste e no centro da Europa antes da chegada do acerto de contas final. Desse modo, com um só golpe, eles impediram uma operação aliada para entrar Reich por Viena ou por Berlim, e se colocaram numa posição mais forte nas negociações com os aliados.

Ainda em março de 45, quando da libertação do campo de extermínio pelo Exército Vermelho, o então Oberst Füllkrug foi capturado e feito prisioneiro. Julgado por um tribunal militar soviético, pouco tempo depois da captura, Andreas, para sua surpresa, não foi condenado a morte, mas a 30 anos de trabalhos forçados e mandado para a Sibéria, onde permaneceu por quase 10 anos.

Recebia e respondia a cartas, cada vez mais raras, que a mulher e os filhos lhe mandavam de Limburg. Seus filhos sobreviveram aos bombardeios aliados, na propriedade rural dos pais da Ingrid, sentiam vergonha do pai e preferiam tê-lo como desaparecido.

Mais tarde, transferido para o sul, como operário na construção de uma estrada nas montanhas russas, vizinhas à fronteira com o Cazaquistão, o Coronel Andreas não lembrava em nada que já fora um daqueles altivos oficiais prussianos. Sentia-se cansado, velho, estava depressivo e sofria com a inclemência do clima e com o peso do seu passado.

Em algumas noites claras, lembrava os olhos da Anna e dormia em paz, ao imaginá-la segura em algum lugar na América.

Bem antes do término da pena que lhe foi imposta, numa tarde quente de julho, o coração de Andreas não suportou o peso dos seus trabalhos e das lembranças, e tombou morto no leito da estrada que ajudava a construir.

Muito depois do fim do Reich de mil anos e com a dignidade possível.

A verdade e os fatos

Às vezes o pior inimigo da verdade são os fatos.
Amós Oz

Com o passar do tempo, os fatos, intencionalmente, foram sendo *esquecidos* e nos restou a *verdade*. Livros, filmes, documentários, reportagens, comemorações oficiais, na grande e sufocante maioria das vezes, nos entregaram a *verdade*. As novas gerações então, conhecem apenas a *verdade*. Foram informadas que os aliados venceram a guerra. Que os *discursos* de Churchill derrotaram os alemães. E que a invasão da Normandia, o dia D, em junho de 44, foi a batalha mais importante do conflito e que possibilitou, com a volta dos soldados aliados para a Europa, a derrota dos nazistas. E não se fala mais dos fatos.

Porém, os fatos existem. Os discursos de Churchill não derrotaram os nazistas, nem o dia D foi uma batalha importante. Apesar de a maioria dos historiadores britânicos e americanos considerarem o dia D o evento militar decisivo na Segunda Guerra Mundial, ele foi um evento de menor importância, muito arriscado, magnificamente executado e de importância vital para os interesses ocidentais. Caso tivesse falhado, as chances de uma segunda tentativa seriam pequenas. E o destino da Europa seria decidido no confronto final entre a Wehrmacht e o Exército Vermelho. Na Europa, no dia D, dez milhões, isso mesmo, dez milhões de soldados aliados lutavam bravamente contra os exércitos alemães. Nunca haviam abandonado a Europa. A não ser que não se considere a União Soviética como aliada. Neste caso, o fato, não a *verdade*, é que os aliados não venceram a guerra. Na Segunda Guerra, quando a civilização sofreu o maior ataque e a mais grave ameaça, sobreviveu à barbárie e venceu graças ao Exército Vermelho. A guerra foi vencida pela União Soviética.

Cálculos isentos, minuciosos, feitos por historiadores sérios, levando em conta todos os fatores envolvidos no conflito, homens, tempo, equipamentos, armas, logística, de todos os participantes, os esforços despendidos no conflito nos oferecem os seguintes dados:

1. A guerra entre a URSS e a Alemanha, de 41 a 45 – 406,00
2. A frente ocidental, de junho de 44 a maio de 45 – 16,50

Isto é, a invasão da Normandia e o que se seguiu após na Europa Ocidental, até a rendição alemã, foi um esforço de apenas 4% (quatro por cento), comparado ao da União Soviética.

Se considerarmos as mortes em campanhas ou em batalhas isoladas de muita importância, conforme tabela abaixo, concluímos que a participação das potências ocidentais foi, na verdade, senão secundária, praticamente sem importância.

Militares em batalhas e campanhas individuais	
Operação "Barbarossa": batalhas de Bielo-Russia i, Smolensk I + Moscou, 1941	1.582.000
Stalingrado, setembro de 1942–31 de janeiro de 1943	973.000
Cerco de Leningrado, setembro de 1943–27 de janeiro de 1944	900.000
Kiev, julho–setembro de 1941	657.000
Operação Bagration 1944	450.000
Kursk, 1943	325.000
Berlim, 1945	250.000
Campanha francesa, maio–junho de 1940	185.000
Operação Overload, 6 de junho–21 de julho de 1944	132.000
Budapeste, outubro de 1944–fevereiro de 1945	130.000
Campanha polonesa, setembro de 1939	80.000
Batalha de Bulge, dezembro de 1944	38.000
Levante de Varsóvia, 1.º de agosto–1.º de outubro de 1944, excluindo civis	30.000
Operação Market Garden, setembro de 1944	16.000
Batalha de El Alamein II, outubro–novembro de 1942	4.650

Fonte: DAVIES, Norman. *Europa em guerra*. Rio de Janeiro: Editora Record, 2006.

Quanto ao total de militares mortos na Guerra da Europa, temos com razoável confiança, nas principais listas:

Militares mortos na guerra da Europa 1939-45 (estimados)	
URSS	11.000.000
Alemanha	3.500.000
Romênia	519.000
Iugoslávia	300.000
Itália	226.000
Reino Unido	144.000
EUA	143.000
Hungria	136.000
Polônia	120.000
França	92.000
Finlândia	90.000

Fonte: DAVIES, Norman. *Europa em guerra*. Rio de Janeiro: Editora Record, 2006.

No total de vítimas civis e militares a União Soviética perdeu 27.000.000 de seus habitantes e a Alemanha, 20.000.000. Todos os aliados restantes somados, Estados Unidos, Inglaterra, França, pouco mais de 500.000 vítimas.

Logo após a rendição dos nazistas, e mesmo antes, com a declaração do Gen. Patton que os USA deveriam, em continuação à rendição alemã, invadir a União Soviética, os *aliados* empreenderam uma guerra econômica e de propaganda, sem trégua, contra a União Soviética, para criar a nova verdade e obscurecer os fatos.

Não custa lembrar Winston Churchill no final da década de 20 e recordar quem na verdade era o inimigo das *democracias ocidentais* e o porquê da demora dessas *democracias* entrarem na guerra:

> Se eu fosse italiano, estou certo de que estaria de todo o coração com vocês em sua vitoriosa luta contra os bestiais apetites de paixões do leninismo. O fascismo forneceu o necessário antídoto contra o veneno russo. De agora em diante nenhuma grande nação estará desprovida de meios definitivos para a proteção contra o crescimento canceroso do bolchevismo.

Com a Rússia europeia e com as repúblicas ocidentais da União Soviética completamente arrasadas e debilitadas pelo esforço da guerra, que, repito, salvou o mundo da barbárie, os Estados Unidos praticamente inundaram os derrotados (nazistas e fascistas) e *aliados* com auxílio econômico a fundo perdido e com condições que não poderiam ser aceitas pela União Soviética.

Em 1948 foi criado o Plano Marshall, que até 1951 entregou para diversos países europeus, em dólares atuais e comparando com o orçamento americano de 2020, 1,350 trilhões de dólares. Com condições acertadas com os países europeus de cooperação econômica e assistência militar, foram então criadas a Organização

Europeia para a Cooperação Econômica e a OTAN. O dólar substituiu a libra como principal moeda comercial.

Em 1951, o Senado americano, com lei de autoria do senador McCarty, anistiou os criminosos nazistas, e o restante da história todos sabemos, ou fingimos não saber.

E hoje, lamentavelmente, constatamos que os *derrotados* não só sobreviveram, como estão aí, de volta.

REFERÊNCIAS DO FILME 3

DAVIES, Norman. *Europa em guerra*. Rio de Janeiro: Editora Record, 2006.

JUDT, Tony Judt. *Pós-guerra:* uma história da Europa desde 1945. Rio de Janeiro: Editora Objetiva, 2008.

LEVI, Primo. *Assim foi Auschwitz*. São Paulo: Companhia das Letras, 2015.

ORWELL, George. *O que é o fascismo?* E outros ensaios. São Paulo: Companhia das Letras, 2017.

FILME 4
O arquivo da memória

A Utopia é como o horizonte. Quanto mais dela nos aproximamos, mais ela se afasta.
– Então para que serve a Utopia?
– Para caminhar.

Eduardo Galeano

Na Antica Bottega

Será que tudo acontece pelo acaso? Se naquele domingo tivesse saído com meu grupo de ciclismo, como era o meu costume, e tomado o caminho para Illasi e Tregnago, quem sabe o que teria acontecido? Minha vida com certeza seria outra, e não teria esta história para contar.

O domingo ensolarado era convidativo, e os quarenta quilômetros de uma tranquila estrada nos levariam a campos e vilas bucólicas e, em Tregnago, a boa mesa da culinária vêneta.

Mas precisava estudar, e só no meio da tarde resolvi passar no Liston da praça Bra, para tomar um café com os companheiros da turma, que deveriam não tardar.

A noite seria fria, mais fria que aquele dia típico de inverno na Planície Vêneta. E Verona, esta joia construída por admiráveis artistas e pela generosa natureza, faria a caminhada até minha casa ser ainda mais gelada.

Mas pensei: vou fazer uma pausa na Antica Bottega e aproveitar para jantar. Cruzar o Ádige na Ponte Pietra com aquela névoa, passar pela Basílica de Santa Anastácia e pela Piazza Erbe, me obrigaria a aquecer o meu apartamento ou então não teria como repassar os assuntos da prova de amanhã.

Em seguida, despedi-me dos amigos e, caminhando com a Arena a minha direita e nos meus olhos, apertei o passo, entrei na via Mazzini e sem olhar para suas vitrines, repletas de artigos para os milhares de turistas que nos visitam, alcancei em minutos a Antica Bottega. Um pouco cedo e por isso ainda vazia. Sentei-me à mesa que habitualmente ocupo. Estava preocupado. Não poderia demorar-me.

Consultei o cardápio mais por hábito; sabia bem o que desejava e, após ordenar meu pedido ao Sr. Stefano, fiquei pensando nas provas e bebericando uma taça do Valpolicella Superior, que deveria sobreviver até a chegada das anchovas cantábricas e da *burrata*.

Não passou em branco a chegada de alguns senhores que se acomodaram numa mesa ao lado da minha, e como estava com meus pensamentos nos exames, não notei se eram clientes habituais da Bottega, ou se meus conhecidos e não os cumprimentei, o que teria feito, sem dúvida, caso não estivesse mergulhado nas questões de Direito Tributário.

Não demorou muito para que um daqueles senhores, após um boa-noite, iniciasse uma conversa sobre o local, que falou ter sido muito bem recomendado, muitas vezes e há muito tempo, mas que apenas hoje tivera a oportunidade de visitar. Era muito cordial e confiante. Olhava nos olhos da pessoa com quem falava e irradiava simpatia. Tinha um acento diverso do lombardo-vêneto, que, pela vizinhança, era também frequente em Verona.

Talvez pela surpresa, demorei um pouco para reconhecê-lo. Na mesa ao lado, conversando como um viajante, estava Enrico Berlinguer, o Secretário-Geral do Partido Comunista. O adversário e, para muitos o inimigo, de toda a minha família e de muitos dos meus amigos, que comandava o maior partido comunista do ocidente e que há poucos meses havia obtido um terço dos votos nas eleições gerais, apesar da forte oposição, quase sempre baseada em preconceitos e falsas acusações, da burguesia, do clero, do *salotto buono*, dos fascistas (acreditem ainda existem) e da máfia. De todas as máfias e dos extremistas das *Brigate Rosse*, que não podiam admitir um governo socialista reformador, e portanto conquistando o poder de derrubar ou manter os governos em Roma, mas que, mais tarde eu compreenderia, queria apenas, e dedicou toda a sua vida para isso, transformar a Itália numa sociedade moderna, socialmente justa e economicamente forte.

Comentei ter lido no diário local a movimentação do PCI para escolher o candidato a síndico, e perguntei para o Sr. Enrico por qual razão o PCI não se coligava com outros partidos, já que nunca havia tido vitória nas eleições municipais. O Sr. Enrico argumentou que o Partido Comunista era o único no Parlamento em Roma, e em Veneza, de oposição. Coligar-se com qualquer outro partido seria renunciar a sua independência e, possivelmente, ter a sua credibilidade comprometida.

– Bela a sua Verona e com uma história não menos significativa. – Assim, Berlinguer tirou a possibilidade da nossa conversa entrar na política e eu pude mostrar meus, não poucos, conhecimentos da produção vinícola veronesa, dos seus queijos e das maravilhas oferecidas pela Antica Bottega.

Devo ter me saído bem, pois acabamos os quatro na mesma mesa, com o Sr. Stefano fazendo o possível para oferecer, a pessoa tão ilustre, o que eu ia descrevendo com entusiasmo.

Na despedida, ainda cedo, deixei com eles o meu cartão de apresentação; Berlinguer me entregou o dele. Notei que cada um pagou a sua conta e nos despedimos, prometendo que voltaríamos a nos encontrar na próxima visita de Enrico a Verona. Combinamos que quando em Roma, iria procurá-lo. Ele me levaria a uma *trattoria, molto buona*, perto do Palazzo Madama. Porém, eu tinha certeza de que nunca mais nos veríamos.

Um quarto de século antes, numa pequena sala, um tanto escura, num beco encharcado, há pouco sede do Partido Comunista, vinte jovens de bairros populares de Sassari escutam o secretário. Um estudante de 22 anos, magro, com o terno de sempre, os cabelos negros à escovinha, prestes a laurear-se em Direito, de uma família da pequena aristocracia rural e profissional. O avô, advogado republicano ligado a Garibaldi, o pai deputado, agora líder do Partido d'Azione[1]. Preparavam uma manifestação para amanhã na praça. Contra a carestia e contra Badoglio. Naquele mesmo dia Berlinguer foi preso. Foram 100 dias na cadeia, mas aquele moço magro, tímido, era destinado a ter um papel importantíssimo na história italiana. Na história e na democracia italiana.[2-3]

Foi com ele que nasceu, por acaso, numa mesa da Antica Bottega, uma amizade e por mim uma admiração muito forte, que marcou todo o tempo que me foi dado viver.

Deixemos que este jovem nos fale dos dias no cárcere:

> A minha vida interior é naturalmente fecunda por força do isolamento. Apesar de uma aparente boa vontade, ainda não fui capaz de superar o kantismo, nem por meio de Hegel, nem por Croce. De quando li *Crítica da Razão Pura*, agora há mais de um ano me debato ainda nos seus problemas e tento resistir a qualquer ataque, seja do idealismo absoluto ou do naturalismo. Por outra parte, é ainda e talvez mais forte em mim a influência de um ceticismo integral. Enfim, não obstante eu seja marxista ou materialista histórico quase à maneira de Marx, não diminuiu a minha repulsa pelo

---

[1] Partido Socialista Liberal, fundado em 1942. Chegou ao governo com Ferruccio Parri em 1945.
[2] Adaptado de: VALENTINI, Chiara. *Enrico Berlinguer*. Milano: Giangiacomo Feltrinelli Editore, 2014, p. 19-38.
[3] Todas as citações originalmente não em português constam aqui em tradução livre.

materialismo metafísico. Mas entenda, o próprio Marx fazia troça desta espécie de materialismo.

Aqui a minha teoria comunista-anárquica não fez mais que pegar mais consistência. E me iludo que não há a menor influência externa da prisão no desenvolvimento do meu anarquismo, que já era desenvolvido há tempo. Mas vos asseguro que a minha teoria é original e suscetível a um desenvolvimento ainda mais original. Quando encontrar uma base ética (aqui me encontro ainda em alto-mar) o desenvolverei, quem sabe em dez anos.[4]

Enrico Berlinguer.

---

[4] Adaptado de: BERLINGUER, Enrico. Lettere dal carcere. *In*: VELTRONI, Walter (org.). *Quando c'era Berlinguer*. Milano: Rizzoli, 2014. p. 200-201.

E nos contando mais tarde:

Quando jovem, eu tinha um sentimento de rebelião. Contestava [...] tudo. A religião, o estado, as frases feitas, os costumes sociais. Tinha lido Bakunin e me sentia um anárquico. Na biblioteca de um tio, socialista humanitário, encontrei o Manifesto de Marx, depois conheci os operários, os artesões que tinham seguido Bordiga e que, apesar do fascismo, conservaram seus ideais. Tiveram sobre mim um forte apelo; havia nas suas histórias um grande fascínio.[5]

Na sacada do Palácio do Governo de Sassari tremulavam, há muitas horas, as três bandeiras aliadas. Estamos em 18 de setembro de 1943. Faz um dia que os trinta e cinco mil soldados alemães, da 35ª divisão Panzer, abandonaram sorrateiramente a Sardegna assim que os primeiros paraquedistas aliados chegavam na ilha. Logo abaixo da sacada, no quadrado bem desenhado da Praça Itália, um grupo de jovens estão discutindo. Quase todos perto dos vinte anos, malvestidos; notava-se que provinham dos bairros pobres da cidade; formavam um grupo em torno de um jovem magro que vestia um casaco escuro e a camisa com o colarinho desabotoado.

– Enrico, não é justo. Aqui temos três bandeiras, mas a guerra contra o nazismo foram quatro a fazê-la. Não podemos permitir que se esqueçam da Rússia.

Enrico parece distraído, mas logo se acorda.

– A bandeira da Rússia, podemos colocá-la. Nós a temos. É a mesma do nosso partido.

---

[5] VELTRONI, *op. cit.*, p. 188.

E em um átimo vão à casa de um companheiro do PCI. Lá encontram a bandeira vermelha, em mau estado, com a foice e o martelo bordados em pontos incertos.

E em minutos, a bandeira vermelha também tremulava no Palácio de Sassari.

A Enrico e aos outros jovens, coube a guarda durante o resto do dia, para manter afastados os fascistas, que já se agrupavam nos arredores.[6]

NEGRAR NA VALPOLICELLA

Qual a minha surpresa quando, passados alguns meses e já em plena primavera, recebi um telefonema do PCI de Verona. Um convite para almoçar com Berlinguer, no sábado da semana seguinte, na *trattoria* do Andrea, em Negrar. – É uma reunião da juventude do partido, e Berlinguer pediu para convidá-lo. Ele estará à sua espera.

Lembrei que Enrico tinha sido o Secretário da FGCI (Federação da Juventude Comunista Italiana) durante a secretaria de Togliatti, e dava muita importância aos que teriam responsabilidade na condução do Partido no futuro.

Não perderia tempo, e passei aqueles dias que antecederam a reunião lendo tudo que me caía nas mãos de política, da situação em Roma, de Berlinguer e do PCI. Li o que encontrei de Gramsci e diariamente *L'Unità*.

---

[6] Adaptado de: VALENTINI, *op. cit.*, p. 19-20.

Apesar de ainda ser um estranho com pouca intimidade nos negócios de política, nos assuntos internos do PC e da sua história, não fugiria mais das conversas políticas. Berlinguer, pensei, ficará impressionado.

Negrar, uma pequena vila veronesa, tem todo encanto do interior da Itália. A Piazza Roma, um pequeno hotel, duas *trattorie* e no meio de incontáveis vinhedos, que nos presenteiam com os fabulosos vinhos da Valpolicella, sendo que o Amarone, com certeza, é um dos melhores vinhos do mundo.

Quase uma hora antes do horário combinado, estacionei meu Fiat 500 no único local ainda vago, pouco distante da Piazza Roma, e fui me aproximando devagar, para apreciar a beleza do local e sentir a movimentação do encontro do partido.

O local era pequeno e acredito que a juventude comunista de Verona não esperava o comparecimento de tantos jovens. Já na Piazza Roma, a poucos metros da entrada da *trattoria,* tive alguma dificuldade para avançar.

Quando, enfim, entrei na *trattoria*, Berlinguer me convidou para sentar à sua mesa. Cumprimentou-me efusivamente e pediu para não sair sem falar com ele. Ficou claro que teria que lá permanecer até o término de todos os trabalhos. E repetindo para os que estavam com ele na mesa ao me apresentar para cada um deles:
– Este é quem falei que conhece como poucos Verona. Vai nos acompanhar após o término do encontro.

Conhecia bem aquela *trattoria*, era um dos locais por mim preferidos quando queria dar um passeio fora da cidade. Seus pratos nos trazem os sabores do Vêneto. Mas naquele dia tudo foi esquecido. Berlinguer, a *trattoria*, seus vinhos. Naquela manhã luminosa conheci Elena, que era exatamente o meu contrário.

Parcialmente é claro. Fui atraído pela sua beleza, disponibilidade e simplicidade. E percebi logo que tínhamos tudo em comum, a não ser o que para ela era fundamental.

A paixão por suas ideias, sua fé num novo mundo e a sua fascinação por aquele homem simples, sincero, que conquistava a todos que dele se aproximavam. Para sempre.

E como era linda. Lembrava a Stefania Sandrelli. Morena com olhos grandes e com um sorriso luminoso, inigualável. Sua voz, tranquila e suave, apenas mudava de tom quando havia a necessidade de defender as posições do partido ou os seus pontos de vista.

Elena me olhou com admiração. Quem seria este desconhecido, que Berlinguer cumprimentou com tal entusiasmo e o fez sentar a sua mesa? Não demorou muito para iniciar uma conversa comigo.

E como uma militante em campanha política, não sem razão, pois era um encontro partidário, foi logo perguntando meu nome. A minha posição no partido? Meus deveres? O que tinha achado da entrevista do Enrico no *L'Unità*? Dos comentários no *La Repúbblica*?

Como estávamos para as próximas eleições municipais?
– Sem esperança, mais uma vez.

Pareceu-me um tanto decepcionada, e não sei se acreditou quando falei que era apenas amigo do Enrico, que nunca tinha votado em candidatos comunistas, mas que também não tinha nenhum preconceito. Com algum sucesso, levei a conversa para outros temas, e terminamos falando dos filmes de Fellini, dos livros do Pasolini e de uma música do Luigi Tenco.

Fui salvo quando serviram o almoço e pelo início dos trabalhos da convenção, quando Elena precisou desempenhar suas funções como secretária da reunião da juventude.

Tinha sobrevivido.

No final da tarde, após várias propostas e discussões de como conquistar o coração e a mente da juventude vêneta, tarefa um tanto complexa, permanecemos um bom tempo na Piazza Roma entre cumprimentos e despedidas, quando pude notar a presença de jovens de locais distantes. Deve ter sido a possibilidade de encontrar Berlinguer que motivou o deslocamento desses jovens do Piemonte, do Friuli-Venezia Giulia, até a Valpolicella. Com a praça quase vazia, seguimos, Elena, Berlinguer e eu, no meu Fiat 500, para o hotel em Verona, onde estavam hospedados quase todos os forasteiros que participavam do encontro. Combinamos nos encontrar em um café na Piazza Erbe, às oito horas, para depois escolhermos o local em que cada um gostaria de jantar.

Não mais que oito pessoas, contando Elena, eu e o Berlinguer, é claro, jantamos na Piazza dei Signori, ao lado da Piazza Erbe, um dos locais históricos medievais mais bonitos de toda a Itália.

E enquanto esperava o boníssimo prato de *funghi ai ferri*, meus olhos encontram os da Elena muitas vezes e com aquele cenário de séculos passados, artisticamente iluminado, tive vontade de permanecer ao lado dela por muito mais tempo que aquele breve e inesquecível dia.

Para mim ficou claro que aquela surpreendente romana que tinha tudo para ser uma democrata-cristã, mas que abraçara o socialismo com devoção, era a mulher que eu queria ao meu lado para sempre.

O encontro em Negrar, a pequena viagem até Verona e o jantar na romântica Piazza foram o suficiente para Elena prestar atenção neste desconhecido e para algum tempo depois, como confessou a Enrico, terminar apaixonada por este pequeno burguês, palavras dela, mas com o coração socialista.

Berlinguer a encorajou. – Todos os meus amigos têm o coração socialista. E também a razão. Dizia ele. – Mas por força de preconceitos, do sistema, da religião, a razão demora um pouco mais a se revelar.

Devem ter sido fruto da tênue luz nas fachadas dos prédios medievais da Piazza dei Signori e do calor da amizade que unia a todos estas palavras um tanto generosas a minha pessoa.

Emilia-Romagna
Ferrara
Bologna

Com eleições marcadas ainda para o outono, não mais de duas semanas se passaram, e recebo dois novos telefonemas. Berlinguer pedira que me avisassem de um novo encontro do Partido em Ferrara. E da secretaria da Juventude, a senhorita Elena Pugliese, também determinara que eu fosse informado. E esperava a minha presença.

Pensei já ser tempo e reservei um quarto no Albergo dei Commercianti, em Bologna, na rua lateral da Basílica de San Petronio. Era lá que costumava me hospedar quando com algum assunto acadêmico permanecia na cidade por um tempo. E a *città rossa* parecia-me ideal para iniciar um romance com uma militante comunista.

Ferrara repetiu Negrar. Enrico, ao notar a minha presença, pediu que eu fosse avisado. Um lugar estava guardado na sua mesa. E a Elena, em minutos, estava ao meu lado. A nossa conversa continuou como se não tivesse sido interrompida após aquele jantar na Piazza dei Signori, em Verona.

Penso isso ter acontecido com todos. Estávamos ligados pelo olhar. As perguntas dos participantes, os cumprimentos que recebia, os assuntos que trocava com os companheiros faziam com que ela automaticamente olhasse para mim. Como se precisasse da minha opinião. E não nos afastamos durante toda a manhã. E muito menos à tarde. Estávamos juntos sem estar. Isto é, não há como explicar. A partir desse dia, não ficaríamos mais um sem o outro.

Quando já na mesa, e antes de iniciar os trabalhos do encontro, Berlinguer apresentou-me: – Andrea Mancini, de Verona. Meu amigo e futuro companheiro. Sei que será importante para as nossas futuras vitórias.

Estavas certo, caro Enrico. E estavas errado, pois não tive nenhuma importância e poucas foram as nossas vitórias. Verona não é exatamente o que se pode chamar de um campo fértil para o desenvolvimento das nossas ideias.

Mas fiquei honrado e agradecido. Já não era mais um desconhecido para aqueles jovens que dedicavam grande parte do seu tempo para materializar um sonho.

Elena despediu-se dos participantes, demorou-se com o grupo dirigente, dando adeus, ao meu lado, para Enrico, que à noite deveria estar em Bruxelas. E depois, como se tivéssemos combinado, passeando de mãos dadas pela via Ercole I, tentando encontrar Micòl e o Jardim dos Finzi-Contini, quando falei que tinha uma reserva no hotel em Bologna, ganhei o primeiro beijo.

Em Bologna caminhamos muito sob suas arcadas, no centro histórico monumental e na Piazza Maggiore. Fomos ao Museu Morandi e na Academia. Encontramos várias *trattorie* simpáticas, com *lasagne* inesquecíveis e proprietários atenciosos. E a Elena insistiu para visitarmos o Museu de Arte Moderna, para admirar o quadro de Renato Guttuso, *O enterro de Togliatti*, lá exposto por vontade expressa do pintor.

Uma pena ter ficado tão pouco tempo hospedado no Albergo dei Commercianti.

Piazza di Spagna, Roma.
Fonte: Joaquim da Fonseca. Coleção do autor.

Roma

A vida seguia seu curso e para ficar próximo a Elena, sempre que possível, viajava para Roma nos finais de semana. E então seguiram-se os encontros, as reuniões, as festas da *L'Unità* e campanhas políticas por todo o país.

Quando em Roma, hospedado em algum hotel não distante do Pantheon ou do Campo dei Fiori, muito passeamos nos Lungotevere e nos Jardins da Villa Borghese. Muitas tardes em Trastevere ou encantados pela cor da igreja de Trinità dei Monti, no final da tarde, sentados nos degraus da escadaria da Praça de Espanha.

E no verão, quando o calor aumentava e Elena estava livre de compromissos, fugíamos para Tivoli ou para a encantadora Frascati. A paisagem do passeio pelos Colli Romani, com seus lagos vulcânicos e a sua calma, nos devolviam a força necessária para enfrentar a grande cidade.

Muitas vezes, com vários amigos ou companheiros do PC, nossa janta se limitava a um bom *taleggio* ou *grana padano*, pão, uma taça de vinho e muita conversa. Sentíamos a tensão que os extremistas traziam para a Itália e o ar da política um tanto pesado. Muito se falava da inevitável reação que fariam para obstaculizar um possível governo de coalizão, ou, o que para eles seria ainda pior, uma possível vitória do PCI.

Fora do PC, na esquerda revolucionária extremista, corriam boatos do que mais tarde comprovaria a falta de qualquer bom-senso. E na extrema direita, o humor não era diferente. O que estariam tramando nas sociedades secretas? Na P2? O que fariam os radicais da esquerda e da direita para impedir uma provável vitória do PCI?

Alberto Franceschini nos conta:

Para nós, Berlinguer era o chefe dos vendidos, porque de fato era aquele que buscava de qualquer modo levar o Partido Comunista para dentro de um projeto ocidental, não do tipo revolucionário. Era vendido nesses termos; estava entregando um patrimônio histórico não em nome de uma revolução, mas para um reformismo mais ou menos profundo.

No congresso de Bologna de 1969, pela primeira vez, o partido afirma de maneira clara que a Constituição Italiana assim como está é perfeita, uma coisa que antes nunca foi dita, porque tínhamos a ambiguidade de uma Constituição nascida do embate de duas forças diferentes.

A indicação de Berlinguer como vice-secretário, nos dava a certeza desse percurso. Uma parte do partido era absolutamente contrária e considerava Berlinguer como inimigo. Lembrem do atentado em Milão, em 1972, que visava a impedir a eleição de Berlinguer durante o Congresso do PCI.

Geralmente na esquerda sempre foi considerada a necessidade de união; nós, ao contrário, falávamos que devíamos dividir os comunistas, os revolucionários dos berlinguerianos.

No fundo, o sequestro de Aldo Moro é coerente com a nossa estratégia sob certos aspectos. Foi uma operação de ruptura com o compromisso histórico. De fato, depois da morte de Moro, esse processo não seguiu em frente.

Nós, dos cárceres, durante os processos, fomos os primeiros a dizer: isso não é simplesmente um ato contra a DC; é muito mais importante, é um ataque ao compromisso histórico.

No meu tempo, para um ataque ao coração do Estado tínhamos o projeto de sequestrar Andreotti, que para nós queria fazer da Itália uma nação da direita, da extrema direita.

Nunca pensamos em atacar fisicamente Berlinguer, assim como nenhum dirigente do Partido. O homicídio de Rossa, um operário, feito daquele modo, foi absolutamente alucinante. Ali se rompeu quase completamente a minha relação com as Brigate Rosse.[7]

Enquanto isso, Enrico Berlinguer prosseguia com sua pregação democrática, reformista, e, não fossem os doentes extremistas que infestavam a nossa sociedade, a história teria sido diferente.

---

[7] Adaptado de: FRANCESCHINI, Alberto. Il nemico delle Br. *In*: VELTRONI, *op. cit.*, p. 111-117.

Tão próximo a Elena, não demorou muito para que eu encontrasse seus pais. Já conhecia a Cláudia, a irmã caçula, que, assim como Elena, frequentava as reuniões da juventude do PC e que muitas vezes nos acompanhava nas intermináveis conversas, que se seguiam aos nossos jantares em Trastevere, ou nas vinotecas perto do Pantheon e o Stefano, o irmão que não gostava de política e estudava Medicina.

Seus pais moravam em Roma desde o tempo da universidade, quando se conheceram. Os dois eram advogados, atuando em grandes escritórios. Ele, *pugliese* de Bari, e Maria, a *mamma*, uma linda toscana de Arezzo. Quantas vezes estivemos na Puglia e na Toscana, visitando avós, primos e amigos! Uma pena que o tempo passou e hoje só temos a saudade.

Fui recebido pelo casal e logo conduzido para a sala, onde ficamos conversando com Sr. Mário, pois a Sra. Maria se ocupava com o jantar. Uma *bistecca alla fiorentina*, que seria servida mais tarde com um ótimo Chianti clássico. Para a sobremesa, a Sra. Maria nos serviu uns deliciosos *Cantucci di Siena*, acompanhado de um bom *Vin Santo; Mamma* Maria fez questão de apresentar algumas das maravilhas da sua terra.

Na conversa que se seguiu ao jantar e que se estendeu pela madrugada, o Sr. Mário nos contou dos anos de guerra, do sacrifício da sua família, do tempo em que esteve no exército. De quando foi prisioneiro da Wehrmacht na Grécia e da alegria da libertação. E que jamais conheceu gente mais determinada e corajosa que os *partigiani*.

A Sra. Maria permaneceu calada. Mais tarde fiquei sabendo que ela perdeu dois irmãos na campanha da África, e o pai, que, ao saber da morte dos filhos, foi para as montanhas procurar os *partigiani,* e nunca mais foi visto.

O Sr. Mário, muito atento à política, não deixava passar a oportunidade de elogiar o PC, Pietro Nenni e Sandro Pertini. Creio que sonhava com a união da esquerda na Itália, o que parecia ser impossível. Bettino Craxi, na época, comandava o PS, com uma visão digamos menos ortodoxa. Já a *mamma* Maria, era mais radical. Filiada ao PC, não fazia segredo da sua opinião e das suas ideias libertárias.

Fui muito bem aceito por todos eles. Passei a ser mais cosmopolita, moderno. E aquela mentalidade meio provinciana, que naqueles tempos era ainda muito forte na minha cidade, estava ficando cada dia mais no passado. E eu cada vez mais identificado com a oposição no Vêneto. E me perguntava até quando continuaríamos ser a única região conservadora no norte? O PCI governava, e muito bem, a Lombardia, o Piemonte, a Emilia-Romagna e a Toscana, assim como a totalidade das cidades nortistas mais importantes.

Demorei mais tempo para apresentar a Elena à minha família, e muitas foram as recomendações que fiz, quando não foi mais possível postergar esse encontro. Era muito importante, fundamental, ela não esquecer que meu avô materno não só fora filiado ao Partido Fascista, como havia desaparecido na Rússia. Nem que a minha mãe era uma católica fervorosa e que todos, cada um a seu modo, temiam um governo do PCI.

Nem eu esperava aquela recepção. Meus pais abriram a porta e a abraçaram. Já tinham certeza que a Elena ficaria comigo para sempre. E naquela mesma noite se apaixonaram por ela. Foi a filha que meus pais não tiveram, e ela, por sua vez, soube exemplarmente, cumprir esse papel. Foi comovente ter visto a dedicação, o cuidado e o amor que ela sempre teve e demonstrou para meus pais até o final.

Minha mãe, aquela noite, preparou um prato de *pasta e fagioli* que a Elena nunca esqueceu. Afirmava ter sido essa janta uma das melhores da sua vida.

Elena foi exemplar. Em todos os assuntos que poderiam causar alguma polêmica política, ela simplesmente sorria, o que bastava para acabar com qualquer início de discussão ou mal-entendido.

VERONA

Depois de algum tempo, com a Elena já sendo parte da minha casa, foi meu pai quem pediu para que ela convidasse o Berlinguer para almoçar e passar a tarde conosco. Elena foi rápida, e Enrico aceitou de pronto. – Diga ao senhor Mancini que na minha próxima visita a Verona irei na casa Mancini com muito prazer.

A partir daí minha mãe passou semanas preocupada: – O que fazer para o almoço? Nossa coberta de mesa estava de acordo? Não seria melhor comprar uma nova toalha? E o faqueiro? E o quadro do Papa João XXIII? Tiramos da parede?

Meu pai tentava tranquilizá-la. Sem sucesso. – Berlinguer é o secretário do Partido Comunista. Não é o rei Vitório Emanuele quem vem nos visitar – E o quadro do Papa? – Muitos comentam que ele era meio comunista.

Quando o dia chegou, estava tudo pronto e nada tirou a cordialidade da visita. Enrico chegou cedo, e com meu pai se demoraram em lembrar os velhos tempos. Depois pouco se falou de política, mas foi longa a conversa sobre arte na cidade e literatura vêneta. E também um bom tempo passaram falando da história e da arqueologia veronesa.

Berlinguer falava com desenvoltura de Dante a Barbarani, do período *scaligero* ao domínio austro-húngaro. De Garibaldi na Piazza Bra e do plebiscito que nos integrou ao reino da Itália.

Comparou o nosso centro histórico aos mais belos da Itália e se confessou encantado com as nossas muralhas na colina. E comentou que o Ádige, com suas curvas, pontes e águas límpidas do degelo, era ainda mais belo que o Arno.

Quase à noite, Berlinguer falou da Elena, da sua liderança, da sua dedicação ao partido e do destino que nos colocou juntos.

– Apenas uma janta na Piazza dei Signori depois de um encontro do partido.

– E eu fui o responsável.

Dias depois ouvi minha mãe comentar com suas amigas que não entendia como esse senhor era comunista.

Velhos preconceitos.

CASAMENTO

Casei numa manhã de sábado, na pequena e *antica* igreja da Santíssima Trindade, no Monte Oliveto, não longe do Ádige e do muro medieval que circunda a Verona *scaligera*.

E para os que possam estranhar, por não estarem habituados com os costumes italianos, casamos na igreja sim. Ou não seria casamento e a família, a grande família, não aceitaria. E tanto a Elena quanto eu, não víamos nenhum problema em seguir certas tradições.

Elena estava maravilhosa, simpática e alegre, como sempre. Foi o alvo de todos os olhares e de muitos comentários dos que lá estavam.

Era essa então a jovem romana que causara toda aquela confusão na casa dos Mancini... E como será a vida do Andrea, casando com uma jovem tão moderna, diferente? Por que não escolheu uma moça daqui? Uma colega? E alguns ainda falam que ela é comunista...

Berlinguer compareceu com a Sra. Letizia. Vieram para a festa da Elena, que Enrico considerava quase uma filha.

– Deixou muitos companheiros desapontados.
– E como! Quase todos que a conhecem.
– Serão muito felizes. Elena sabe muito bem o que quer.
– O Andrea, além de tudo, tem muita sorte. Casar com a Elena...

Na espera do almoço que se seguiu à cerimônia religiosa, num lindo local no campo em direção à *Isola della Scala* foi possível notar o grande carisma de Enrico. Todos, correligionários ou não, democratas-cristão, socialistas, comunistas, adversários, aliados, trocavam com Enrico confidências, cumprimentos, sorrisos, muita conversa e cada um à sua maneira mostrava admiração por aquela pessoa simples, íntegra, sincera, que muito contrastava com a maioria dos políticos.

Na mesa principal, reservada para a família e para o casal Berlinguer, conheci o Sr. Antonio e a Sra. Carmen, ele irmão do pai da Elena. Vieram de muito longe, queriam estar presentes no casamento da sobrinha. Moravam em Buenos Aires, na Argentina. O Sr. Antonio havia partido no fim da guerra há quase vinte anos.

E seriam muito importantes para a minha nova família.

Mais tarde, depois de muitos abraços, danças e algumas lágrimas, seguimos para Ortisei. Aquele inverno tinha sido de grandes nevadas, e, em meados de março, suas pistas estavam ótimas para a prática do esqui. Permanecemos lá alguns dias, longe de quase tudo, aproveitando a acolhida dos locais e a maravilhosa natureza das montanhas italianas.

Filhos

Fixamos residência em Roma, onde comecei a trabalhar num escritório de amigos do Sr. Mário e lá permaneço até hoje. Elena ficou no Partido. Advogada do PCI e de todos os filiados que a procurassem.

Quando nos demos conta, um tanto inesperadamente, estávamos com dois filhos. Pierpaolo, o mais velho, chegou numa noite quente de julho e no outubro do ano seguinte foi a vez da Stefania. Os dois nos surpreenderam com sua vivacidade e sentimentos, tornando nossas vidas, eu não tenho dúvida, muito mais coloridas, interessantes e gratificantes.

Nosso filho mais velho, Pierpaolo, preferiu não seguir a profissão de quase toda a família e resolveu, após alguma indecisão, trilhar outros caminhos. Diplomado em Economia, na La Sapienza, hoje é executivo de uma exportadora de vinhos. Quem sabe, a proximidade dos Mancini com vários produtores da Valpolicella, e pelas férias passadas com os avós em Verona e das diversas vezes que visitou a Argentina, particularmente Mendoza, fizeram dele um *expert* nesse mercado. Conhece vários produtores, com alguns tem sólida amizade e reconhece imediatamente se o vinho tem a qualidade e o gosto do mercado que vai consumi-lo.

Acompanhei Pierpaolo em algumas das suas viagens, quando já havia consolidado clientes e fornecedores. E o que melhor que ouvi-lo contar histórias de quando esteve na América do Sul, na Ásia, onde o mercado é imensurável, e na África? E saber que, apesar de Pierpaolo estar numa situação de bem-estar profissional e financeiro, mantém o senso crítico e a visão humanista da sua mãe.

Já a Stefania, mais sensível, escolheu outro caminho. Para ela era importantíssimo estar presente e ao lado dos que ainda não alcançaram a libertação econômica e social. E nos convenceu a deixá-la partir.

BUENOS AIRES

No casamento, conhecemos o Sr. Antonio e a Sra. Carmen, que, além de grandes amigos, foram por muito tempo os pais da querida Stefania, nossa filha caçula, que quando moça quis conhecer o mundo. E quem melhor que o Sr. Antonio e a Sra. Carmen para serem seus pais na América.

Moravam em Buenos Aires e durante alguns anos foram seus pais dedicados.

Fomos visitá-los após um ano longe da Stefania.

Não posso deixar de lembrar a maravilhosa Buenos Aires, uma cidade como poucas, e do seu povo simpático e acolhedor, que sempre falavam de seus antepassados com orgulho, quando ficavam sabendo que éramos italianos.

Stefania, felicíssima com a nossa visita, fez questão de nos mostrar a sua Buenos Aires.

Os parques, seus cafés, e a sua música. As longas caminhadas por Palermo. A inesquecível Avenida del Libertador. A fabulosa carne argentina assada em *parrillas* de muito bom gosto e as tardes no hipódromo.

Nas noites, muitas vezes ela nos acompanhou, na Clásica y Moderna, no Clube do Vinho, e no Viejo Almacén. No La Ciudad, encontramos Astor Piazzolla e seu quinteto. Foi lá que ouvi pela primeira vez *Años de Soledad* e *Milonga del Ángel*, solos de *bandoneon* que me acompanham até hoje.

Estava apaixonada pela música da cidade e acabou contagiando a nós todos. Foram inesquecíveis as noites em que assistimos a grandes maestros do tango e algumas de suas orquestras inesquecíveis. Pugliese, Troilo, Leopoldo Federico, Horacio Salgán, Nestor Marconi foram alguns dos músicos que encantaram as nossas noites *porteñas*.

Quando ela nos levou até Ezeiza, para o voo de volta, tive o pressentimento, que mais tarde se mostrou verdadeiro, que a querida Stefania acabaria ficando por lá.

ARGENTINA

O Sr. Antonio emigrou depois da guerra, uma guerra em que não deveríamos ter entrado. Nossa Itália tinha sido devastada e, apesar de alguns não concordarem, passamos por uma guerra civil que só não foi adiante pelo espírito de humanidade dos grandes líderes e estadistas Alcide de Gasperi e Palmiro Togliatti, que resolveram pôr fim à violência e às mortes, que, caso contrário, continuariam por muito tempo e abririam cicatrizes ainda maiores.

A migração que se seguiu nos privou do convívio de pessoas fabulosas como o Sr. Antonio, obrigados a deixarem a Itália, assim como também milhões de nossos patrícios, que, para fugir da fome e da miséria, no final do século XIX e princípios do século XX, foram descobrir a América.

Imagino como seria a nossa Itália se esse êxodo não tivesse ocorrido. Como seria mais rico nosso tecido humano se estivessem aqui todos os ítalo-americanos, brasileiros, argentinos, australianos, canadenses, de todas as nações, que mostraram seu grande valor e honraram a Itália em todos os lugares em que se estabeleceram. Mas, ao viajar para muitas nações americanas, e não só, encontramos verdadeiros recantos da Itália. Numa tarde, quando caminhava com o Sr. Antonio e passamos em frente à Embaixada Italiana em Buenos Aires, perguntei como faziam para suportar o distanciamento da pátria, que para muitos foi definitivo. Poucos foram os que tiveram condição de voltar. A resposta que ouvi me calou. – A Itália está nos nossos corações.

E eu completo. Está em quase tudo, nas tradições, nos costumes, na gastronomia. Nas associações de todas as regiões da Península, nos monumentos, em praças, avenidas, nas igrejas, com citações das cidades italianas, no monumento *Ai Caduti*, que encontramos em Mendoza e, inclusive, na língua de Buenos Aires, não só nas expressões, como nas palavras. No acento, na cadência. É um espanhol com acento peninsular. Como acontece em Nova Iorque, com o inglês, e em São Paulo, no Brasil, com a língua portuguesa. As três, as maiores cidades italianas.

Muitas letras de tangos foram escritas no dialeto do cais do porto de Buenos Aires, repleto de palavras e expressões italianas. O lunfardo, que deu ao tango um tom e o estilo, é formado por muitas palavras que eram ou são italianas, algumas modificadas ou simplificadas. Hoje o lunfardo faz parte da cultura de Buenos Aires.

Na viagem que se seguiu à primeira, dois anos depois, a família Pugliese argentina e a Stefania nos levaram para o sul.

Difícil explicar, para quem não conhece, a maravilha, a diversidade e a dimensão do sul argentino. A majestosa Cordilheira dos Andes, com suas montanhas, nevadas e vulcões, os lagos andinos, as geleiras eternas e suas cidades espetaculares. El Calafate, Bariloche, San Martín de los Andes, Mendoza e San Rafael, com vinhedos aos pés da Cordilheira. Foi lá que a Malbec encontrou o terreno ideal para desenvolver todo o seu potencial de corpo e sabor.

O plano urbano de Mendoza coloca duas praças como eixo principal. As praças Itália e Espanha. Foi na praça Itália que encontrei o monumento *Ai Caduti*, para lembrar aos viajantes da urgência da paz e da estupidez das guerras.

Como seria fácil prever, não demorou muito para a Stefania, uma mulher bonita, culta, encontrar Hernán, um colega na Faculdade de Direito, e definitivamente resolver ficar lá. E nós, Elena e eu, com uma filha na Argentina e com os netos que não tardaram a nascer, passamos a atravessar o oceano quase todos os anos.

Na primeira noite eles se
aproximam
e roubam uma flor de nosso jardim,
e não dizemos nada.
Na segunda noite, já não se escondem.
Pisam nas flores, matam nosso cão
e não dizemos nada.
Até que um dia, o mais frágil deles
entra sozinho em nossa casa,
rouba-nos a luz e,
conhecendo nosso medo,
arranca-nos a voz da garganta.
E já não podemos dizer nada.

Eduardo Alves da Costa

FASCISMO

Ruptura da ordem democrática

Enrico, que não visitou Stefania, nem pôde ir ao seu casamento, era muito interessado; estava sempre muito bem informado sobre a política argentina e sul-americana. Lembro que ficou entusiasmado com a vitória de Allende no Chile, apesar de lembrar, preocupado, com o que tinha acontecido no Brasil alguns anos antes, quando o exército derrubou um governo democrático, que não só instalou uma ditadura com a clara intenção de impedir os avanços sociais que estavam em andamento, como foi exemplo para quase todos os exércitos sul-americanos se aventurassem nas mesmas práticas antidemocráticas, invariavelmente apoiados pelo governo dos Estados Unidos. Falava a todos que uma terceira via, a opção socialista, era possível e que em breve veríamos como o povo chileno iria prosperar em todos os sentidos, não só no econômico.

E também não me esqueço da sua decepção, da sua inconformidade, quando do golpe e do assassinato de Allende, que levou o Chile a uma ditadura sangrenta. E temia que o mesmo poderia ainda acontecer nas jovens democracias do sul da Europa.

Apesar de passados alguns anos, não pôde ser esquecida a tragédia ocorrida na Espanha, quando um governo popular socialista, eleito democraticamente, foi vencido em uma guerra civil, onde as forças reacionárias, derrotadas em eleições livres, se uniram aos exércitos fascistas da Alemanha e da Itália, causando centenas de milhares de mortos na população civil, assassinatos, bombardeios criminosos em vilas indefesas (*Guernica*, célebre quadro de Pablo Picasso, hoje exposto no Reina Sofia, em Madrid). Para essa infame vitória contaram também com o *silêncio*, para muitos com o apoio oficioso das *democracias* ocidentais, que nada fizeram para impedir esses crimes.

Berlinguer foi claro:

> Nenhuma pessoa séria pode contestar que sobre os acontecimentos chilenos pesou de modo decisivo a presença e a intervenção do imperialismo norte-americano. [...] Os círculos dirigentes da administração americana e os grupos monopolistas americanos presentes na economia chilena empreenderam uma sistemática ação em todos os terrenos, da guerra econômica à subversão, para provocar a falência do governo Allende e derrubá-lo.8

E continua claro e didático:

> Os acontecimentos no Chile colocam em evidência quem são e onde estão, nos países do chamado mundo livre, os inimigos da

---

8 BERLINGUER, Enrico. Austerità. Occasione per trasformare l'Italia. *In*: GOTOR, Miguel. *Enrico Berlinguer: la passione non è finita*. Scritti, discorsi, interviste (1973-1983). Torino: Giulio Einaudi editore, 2013. p. 27.

democracia. Apesar de decênios de propaganda contra os socialistas, contra os comunistas, contra o movimento operário, temos hoje a prova evidente, de que a classe dominante burguesa e os partidos que a representam estão sempre prontos para destruir qualquer liberdade e subtrair qualquer direito civil ou princípio humanitário, quando ameaçados seus privilégios e seu poder.[9]

Também aqui é bom lembrar Éric Vuillard, em a *Ordem do Dia:*

Um movimento de aprovação percorreu o ambiente. Hitler estava sorridente, bem mais amável do que teriam acreditado.
E eles ouviram. A proposta se resumia a isto: era preciso terminar com um regime fraco, afastar a ameaça comunista e permitir que cada patrão fosse um *Führer* na sua empresa. Quando Hitler terminou, os convidados agradeceram por ele, enfim, ter esclarecido a situação política.
E agora era necessário dinheiro para a campanha. As eleições se aproximavam e o partido nazista não tinha mais nenhum tostão. Assim os vinte e quatro homens presentes no palácio do presidente do Reichstag, os sacerdotes do deus dinheiro, o clero da grande indústria começam a fazer contas. Eles se chamam BASF, Bayer, Agfa, Opel, IGFarben, Siemens, Allianz, Telefunken.
E se mantêm lá, impassíveis, como vinte e quatro máquinas de calcular nas portas do inferno.[10]

---

[9] Adaptado de: BERLINGUER, E. Austerità. Occasione per trasformare l'Italia. *In*: GOTOR, *op. cit.*, p. 26.
[10] Adaptado de: VUILLARD, Éric. *A ordem do dia*. São Paulo: Editora Tusquets, 2019. p. 17-25.

E o que ocorreu pouco tempo depois na Argentina e em quase todos os países da América do Sul mostra como Enrico estava certo.

E quanto devemos aprofundar nossa estratégia e tática, para evitar estes retrocessos e avançar!

Pablo Neruda não deixa dúvida e no seu *Confesso que Vivi* nos conta:

> Meu povo tem sido o mais atraiçoado deste tempo. Este povo levou à Presidência do Chile um homem chamado Salvador Allende para realizar reformas e medidas de justiça inadiáveis, e para resgatar nossas riquezas nacionais das garras estrangeiras.
>
> Onde esteve nas nações mais longínquas, os povos admiram o extraordinário pluralismo do seu governo. Na sede das Nações Unidas, em Nova Iorque, nunca se escutou uma ovação como a que os representantes de todo o mundo proporcionaram ao presidente do Chile.
>
> No Chile estávamos construindo, entre imensas dificuldades, uma sociedade verdadeiramente justa, erguida sobre a base da nossa soberania. Do nosso lado, do lado da revolução chilena, estavam a Constituição e a lei, a democracia e a esperança.
>
> Do outro lado não faltava nada. Havia arlequins e polichinelos, palhaços a granel, terroristas, monges falsos e militares degradados. Uns e outros davam voltas no carrossel do despeito. Fascistas de mãos dadas, dispostos a quebrar a cabeça e a alma de tudo quanto existe, com o propósito de recuperar o grande latifúndio que eles chamam de Chile.

Allende foi assassinado por ter nacionalizado a riqueza do subsolo chileno, o cobre. Os militares fizeram o papel da matilha. As companhias norte-americanas favoreceram esses movimentos militares.

A obra que Allende realizou em tão curto tempo é a mais importante da história do Chile. A destruição dos monopólios, a profunda reforma agrária e muitos objetivos foram cumpridos no seu governo.

Mas as obras e os feitos de Allende, de indelével valor nacional, enfureceram os inimigos da nossa liberação.

Após o bombardeio aéreo, vieram os tanques, para lutar contra um só homem: o presidente da República do Chile, Salvador Allende, que os esperava em seu gabinete, envolto em fumaça e chamas.

Não podiam perder uma ocasião tão boa. Era preciso metralhá-lo, porque ele jamais renunciaria a seu cargo. O cadáver que foi para a sepultura num local qualquer, acompanhado por uma só mulher, estava crivado e despedaçado pelas balas das metralhadoras dos soldados do Chile, que outra vez tinham atraiçoado seu povo.[11]

A propósito, em 1988, Ernesto Sábato nos conta no ensaio *Dictaduras y Libertad*:

Nos diziam que o país tinha o direito e o dever de combater os que pretendiam nos impor ideias estranhas ao nosso ser nacional, e neste ponto os mais moderados nos falavam de impedir que pros-

---

[11] Adaptado de: NERUDA, Pablo. *Confesso que vivi: memórias*. Rio de Janeiro: Bertrand Brasil, 2017. p. 396-399.

perassem as ideologias totalitárias, fossem de direita ou de esquerda. Outros nos falavam do comunismo, esquecendo tudo o que se refere ao totalitarismo inverso, considerando que as forças da direita são o único remédio para conter o avanço do comunismo. Mas quando se pede que se defina o comunismo começa o mais delirante conjunto de falácias e sofismas. Os caçadores de bruxas qualificam de comunistas ou de ideólogos do terrorismo a todos os que preconizam a justiça social ou apoiam o combate de povos escravizados contra o colonialismo e a todos os que pronunciam ou usam palavras como *estruturalismo* e *dialética*. Chegaram ao ponto de proibir aqui na Argentina, um livro de Henri Lefebvre, titulado *Lógica Formal* e *Lógica Dialética*.

Seis anos de tenebrosa ditadura militar, com dez ou vinte mil desaparecidos e sequestros noturnos e horrendos. Foram moços e moças arrancados dos seus lares, barbaramente golpeados na frente de seus pais e em muitos casos na frente de seus filhos, logo amordaçados, encapuzados e levados para as câmaras de tortura, onde a maior parte morria. Foram anos de tremendas angústias.

Imaginem na ditadura, quem defendia os acusados? O que se poderia esperar desses personagens kafkanianos designados por um poder absoluto? Quem poderia impedir que consumassem seu horrendo crime, quando estavam apoiados pela polícia de um estado totalitário? Essas hordas não atuavam apenas pelo impulso de seus instintos depravados. Eram estimulados, aplaudidos e justificados pelos ideólogos da barbárie.[12]

---

[12] Adaptado de: SÁBATO, Ernesto. *Obra completa - Ensayos*. Buenos Aires: Compañía Editora Espasa Calpe/Seix Barral, 1996. p. 615-623.

E mais uma vez ouçamos Berlinguer:

Para salvar a democracia, para torná-la mais ampla, mais forte, mais ordenada possível, é necessário abandonar o capitalismo. A experiência histórica – quanto menos a partir dos anos 20 – nos mostra que a reconquista, a proteção e o desenvolvimento da democracia foram e são frutos de uma luta que tem como protagonista a classe operária, os trabalhadores, os seus partidos de classe, com os comunistas na primeira fila.

E isso porque são as forças do capitalismo e a burguesia, que, para conservar o seu domínio, não hesitam em frear, limitar, amputar, esvaziar – e, com o fascismo a destruir – a democracia.

Ser coerentemente anticapitalista é ser também coerentemente democrático. Assim, a democracia é uma irrenunciável e inalienável conquista da classe operária. Para nós, a democracia é um valor que a experiência histórica demonstra ser universal. E, por fim, esta não é uma escolha de agora, não é uma verdade descoberta agora, mas há decênios. Nós a temos proclamada não com palavras, mas com o exemplo e com o sangue de incontáveis comunistas nas prisões fascistas e nas montanhas, com o exército *partigiano*.[13]

---

[13] Adaptado de: BERLINGUER, E. Leninismo e "legittimazione democratica" del Pci. *In*: GOTOR, *op. cit.*, p. 108-109.

Compromisso histórico

Os extremistas radicais, inconformados com o avanço do PC, atuavam a cada dia com mais violência. Berlinguer e Moro, tentando distensionar o processo político, buscavam através do **compromisso histórico**, uma maneira de levar a Itália a uma democracia normal.

E preocupado, em meio a uma crise econômica galopante e de subversão política e social, Berlinguer escreve:

> O caminho democrático ao socialismo é uma transformação progressiva – que na Itália é possível realizar-se no espaço da constituição antifascista – da inteira estrutura econômica e social, dos valores e da ideia-guia da nação, do sistema de poder e do bloco de forças sociais onde isso se manifesta. O que é certo é que a transformação geral que queremos realizar na Itália precisa, em todas as suas fases, tanto da força quanto do consenso.[14]

---

[14] BERLINGUER, E. La proposta del compromesso storico. *In*: GOTOR, *op. cit.*, p. 43.

> Nós sempre pensamos, e hoje a experiência chilena reforça esse convencimento – que a união dos partidos dos operários e das forças da esquerda não é condição suficiente para garantir a defesa e o progresso da democracia, onde a esta união se contraponha um bloco de partidos que se situam do centro à extrema direita. [...]
> A gravidade dos problemas do país, a ameaça de aventuras reacionárias e a necessidade de abrir finalmente ao país um caminho seguro de desenvolvimento econômico, de renovação social e de progresso democrático fazem sempre mais urgente que se chegue ao que possa ser definido como um novo grande *compromisso histórico*, entre as forças que recolhem e representam a grande maioria do povo italiano.[15]

Não por acaso, naqueles mesmos anos, Moro elaborou uma estratégia autônoma, que dialogava com aquela do *compromisso histórico* de Berlinguer. Em consequência, a partir de 1973, depois da queda do primeiro governo de Andreotti, de centro direita com os liberais, o líder democrata-cristão escolhe o secretário do PCI como interlocutor privilegiado para realizar o seu projeto de solidariedade nacional. Um processo prudente e gradual que depois do ingresso do PCI no governo e da divisão de comuns responsabilidades, levará à definição de uma terceira fase, a de uma democracia realizada e da alternância, onde o PCI assumiria funções de gover-

---

[15] BERLINGUER, E. La proposta del compromesso storico. *In*: GOTOR, *op. cit.*, p. 48-54.

no, começando com atribuições em ministérios não estratégicos para a segurança nacional.

Era também grande a resistência no PS, conforme relato de Norberto Bobbio:

Depois da convenção, o partido enveredou pelo caminho da assim chamada alternativa socialista, que se traduziu no embate ideológico com os comunistas. O início das hostilidades, se não me engano, deu-se com um ensaio de Craxi publicado no verão em *L'Espresso*, no qual contrapunha Proudhon a Marx, para uma nova orientação do pensamento e da doutrina socialista. Eu continuava a ter reservas quanto às concepções fundamentais dos comunistas, embora reconhecesse os avanços que faziam para se liberarem de dogmas como a ditadura do proletariado. Meu laicismo não podia aprovar a visão totalizadora da história e a perspectiva de uma sociedade sem conflitos, onde uma nova classe exerce total poder sobre tudo. Todavia, não partilhava da polêmica ideológica cujo verdadeiro objetivo era o Partido Comunista de Enrico Berlinguer. Disse isso a Craxi numa carta de 14 de outubro de 1978:

"Digo-lhe também que olho com certa distância e algumas vezes também com preocupação, para a polêmica entre o PS e o PCI, que está se tornando obsessiva e parece, afinal, uma espécie de assunto privilegiado do Avanti!. Nunca recuei quando se trata de defender os princípios da democracia contra os comunistas. Mas sempre preferi o método que tende a extrair do adversário uma verdade oculta, ao método oposto, que ora me parece prevalecer, da repreensão da invectiva ao infame. Ninguém renega de boa vontade o próprio passado. Por que pretender que o PCI o faça? Talvez porque os outros partidos nada tenham a renegar? Afortunados os jovens para os quais o passado não existe, mas o passado existe e cada um de nós o carrega consigo. Não é possível recomeçar sempre da estaca zero e agir como se nada do que de fato aconteceu houvesse acontecido. Eu pessoalmente prefiro manter com os comunistas um tipo de debate que tem por objeto a validade permanente de certos princípios e a bondade de certas propostas. Com o debate sobre o leninismo, voltamos, a meu ver, a uma daquelas batalhas ideológicas onde, semeando o vento, colheremos apenas tempestades."[16]

Em correspondência mantida com Dom Luigi Bettazzi, ex-presidente da Pax Christi e ex-bispo de Ivréa, última testemunha italiana do Concílio Vaticano II, Berlinguer escreve:

Ter uma fé pode ser uma condição que estimule um crente a buscar, também ele, a reforma no sentido socialista da sociedade.[17]

Segue Dom Luigi Bettazzi:

Era uma afirmação importante para uma pessoa dentro daquele sistema ideológico; era o reconhecimento do valor da fé. Notava-se naquele PCI uma força para reformar a sociedade, reforma ne-

---

[16] BOBBIO, Norberto. *Diário de um século: autobiografia*. São Paulo: Companhia das Letras. p. 185-186.
[17] BETTAZZI, Luigi. L'uomo della fede e del rinnovamento. *In*: VELTRONI, *op. cit.*, p. 77.

cessária depois de trinta anos do fim da guerra. Fora da Igreja se observava com confiança o Concílio, porque acreditavam que, se mudasse a Igreja Católica, podemos mudar tudo. Também houve um freio na atuação do Concílio e, portanto, parecia que o Partido Comunista fosse aquele que mais pressionava por reformas. Quem tinha essa esperança, ou essa vontade, observava o Partido levando em conta que a seriedade de Berlinguer garantia de qualquer modo que não seria um caminho ideológico, mas um caminho concreto, social, de ajuda às classes mais necessitadas.

Era evidente que sentia nas ações do PCI uma exigência que respondia à necessidade de seriedade, também moral, não só na busca do poder, mas na busca do melhor para o país do ponto de vista ético e moral. Creio fosse essa esperança que fazia pertencerem ao Partido Comunista muitos que não concordavam com a sua ideologia.[18]

Mas foi impossível impedir o pior: Moro foi sequestrado e, alguns dias depois de tê-lo encontrado morto, Berlinguer declara à imprensa: "Um grande dirigente democrático está morto. Trucidado por uma organização criminosa terrorista".

Sem Moro, o processo não avançaria. A história teria que ser adiada; ele era o fiador da ideia na democracia cristã, e o único líder na época com capacidade de fazer seus correligionários entenderem a necessidade do compromisso histórico para que a Itália tivesse uma de-

---

[18] Adaptado de: BETTAZZI, Luigi. L'uomo della fede e del rinnovamento. *In*: VELTRONI, *op. cit.*, p. 77-80.

mocracia normal, com a possibilidade de a oposição assumir o governo.

Sua filha mais velha, Bianca, nos conta daqueles terríveis dias:

> A única vez que se falou explicitamente de um possível atentado contra Berlinguer foi durante o sequestro de Aldo Moro. Creio que aqueles foram os dias mais dramáticos da sua vida política e também sob o aspecto humano. O sequestro do líder da DC durou 55 dias que foram duríssimos para todos. Meu pai não teve nenhuma hesitação quanto a manter a linha de firmeza, porque acreditava que tratar com os terroristas, teria legitimado as *Brigate Rosse* como sujeito político e interlocutor do Estado. Pensava que isso seria um erro gravíssimo e um ultraje para todas as famílias vitimadas pelo terrorismo. Quando chegaram as cartas de Moro, tão humanas quanto justificadas naquelas condições, papai chamou os filhos maiores e disse: Se vier acontecer um dia a mim, saibam que a minha decisão em plena autonomia é que não se faça nunca uma tratativa com as *Brigate Rosse*. E se eu também viesse pedir uma tratativa da prisão dos terroristas vocês deverão respeitar a minha vontade expressa como um homem livre neste momento.[19]

Por essa época, Berlinguer, preocupado não só com a boa condução das administrações, mas também com a ética nos assuntos públicos, muito falava e passou a lutar pela questão moral.

---

[19] BERLINGUER, Bianca. Mio padre. *In*: VELTRONI, *op. cit.*, p. 56.

Eugenio Scalfari, jornalista deputado pelo PS, cofundador e editor do *La Repubblica* e editor do *L'Espresso*, escreve:

> Em 1981, entrevistei Enrico Berlinguer sobre a questão moral. Disse-me que o problema não era encontrar aquelas pessoas que nos partidos cometem delitos, no sentido de usarem o dinheiro público para objetivos privados de qualquer forma ilícitos. Disso se ocupa o Judiciário. A questão moral era que os partidos haviam ocupado as instituições e deviam cair fora. E acrescentava "Inclusive o nosso". [...] O tema trazido por Berlinguer era este; as instituições são portadoras do interesse geral, não devem servir aos interesses de um partido ou outro; por isso, os partidos, não devem ocupá-las.[20]

---

[20] SCALFARI, Eugenio. Piansi per lui. *In*: VELTRONI, *op. cit.*, p. 101.

Padova

Enquanto isso, a vida política continuava com mais eleições, pois, além das políticas e administrativas italianas, agora havia eleições para o Parlamento Europeu.

Enrico, apesar da idade, e já com alguma oposição familiar, precisava se deslocar, acompanhando seus liderados em campanha política, fazendo reuniões, comícios, dando entrevistas, muitas vezes em viagens quase diárias.

Só tinha descanso quando na Sardenha, sua terra. Era quando ele podia se dedicar à família.

Uma noite, de um dia cinzento, lembro de a Elena mudar a fisionomia. E que ficamos ligados na TV até o amanhecer do dia seguinte.

As notícias de Padova eram cada vez piores. De um mal súbito, que Berlinguer enfrentou com coragem num comício, a transferência para um hospital. A operação durou toda a madrugada. E notava-se a cada notícia, a cada entrevista com os médicos, a perda da esperança.

Eugenio Scalfari nos conta:

Quando chegou a notícia da sua grave e irreversível situação, tive necessidade de ir a Botteghe Oscure e unir-me à consternação iminente. Poucos dirigentes lá se encontravam. A maioria havia partido para Padova. Os outros esperavam o fim do dia, pois eu não fui o único a comparecer para reverenciar Berlinguer. Entrei por um acesso lateral; não queria fotos, para não parecer uma exibição. Fui levado à sala da direção, onde estavam sentados todos os que estavam por partir. No centro estava aquele com o mais alto grau dos que ainda não tinham partido, Pietro Ingrao. Levantou-se, veio ao meu encontro, nos demos as mãos, me fez sentar e eu falei algumas poucas palavras, porque havia pouco a dizer. Perguntei:
– Como está? Me responderam: – É questão de horas. Terminou.
– Mas está desperto? – Não, está em coma. E eu disse: – É uma grande perda para vocês e para a democracia italiana.

Depois levantei-me, Ingrao se aproximou de novo, éramos amigos, e me abraçou. [...] Comecei a soluçar e a chorar copiosamente; lembro que Ingrao me abraçou e me consolou. Eu fui consolado por Pietro Ingrao porque Berlinguer estava morrendo.[21]

Alguns dias após, quando a Elena tentou falar com a Sra. Letizia, foi informada na sede do Partido que ela tinha estado lá e comunicado o pedido final de Berlinguer. Queria ser enterrado no cemitério de Prima Porta, ao lado do seu pai. Ele queria, após a morte, voltar a ser um anônimo e ficar com os seus.

Foram quase dois milhões de italianos que participaram do seu funeral. E com lágrimas nos olhos, vi-

---

[21] SCALFARI, Eugenio. Piansi per lui. *In*: VELTRONI, *op. cit.*, p. 108.

mos Sandro Pertini colocar suas mãos sobre a urna funerária de Berlinguer. Foi, sem dúvida, depois da chegada do corpo de Enrico, com Letizia e as crianças, o momento mais difícil e comovente que envolveu a Itália. Nunca fomos tão tristes. Tão solidários. Tão generosos.

E não podíamos esmorecer, desanimar. Era necessário continuar, apesar de tudo. Não fora ele quem nos mostrou que a política tem sentido? Que podemos pensar nos outros? Que a vida tem outros valores e não apenas o egoísmo e a acumulação doentia de riquezas? Quem nos mostrou ser possível sonhar?

Aquela multidão oceânica, nunca antes vista, tinha muitas razões para lá estar. Vieram de todas as regiões da Itália. Das mais distantes às mais próximas. Eram de todas as classes sociais e de todas as idades. Um menino de nove anos, perguntado sobre o porquê do seu comparecimento, responde: – Porque sou comunista desde sempre.

Vieram homenagear o líder do Partido, que sempre esteve com eles. Que com sessenta anos de história, havia demonstrado seriamente combater os privilégios, defender os pobres, os marginalizados e dar a eles voz e possibilidade concreta de interferir nas decisões que poderiam mudar a sua condição. Que lutara sempre para que algumas necessidades sociais e humanas, sempre ignoradas, fossem minimamente satisfeitas, que o mérito e o profissionalismo fossem recompensados e que para todo cidadão fosse assegurada sua participação no destino a ser dado para a coisa pública.[22]

Quando o presidente Sandro Pertini se aproxima e coloca sua mão sobre a urna funerária, parece termos ouvido a multidão dizer com Enrico, em uníssono:
– Na cadeia, com os operários, nós estávamos lá.
– Nas montanhas, com os *partigiani*, nós estávamos lá.
– Nas periferias, com os desempregados, nós estávamos lá.
– Com as mulheres, com os operários marginalizados, com os jovens, nós estávamos lá.

Bianca Berlinguer nos conta:

> O dia do seu funeral foi muito difícil. Viver em público uma dor tão grande e tão inesperada foi uma fadiga enorme. Cansativa e ao mesmo tempo bela – recorro a uma palavra que nunca tinha usado até agora –, porque a emoção de toda aquela praça nos tocou profundamente. Enquanto olhava para aquela multidão que sofria, talvez não tanto quanto nós, porque a dor de uma filha e de uma esposa não é comparável à dor de nenhum outro, pensava: "Quando voltarem as suas casas, encontrarão vosso pai. Esta noite, quando chegar em casa, meu pai não estará." O abraço de todas aquelas pessoas foi uma extraordinária consolação, mas não poderiam preencher uma ausência tão sentida.

---

[22] Adaptado de: BERLINGUER, E. Che cos'è la questione morale. Intervista a cura di Eugenio Scalfari. *In*: GOTOR, *op. cit.*, p. 138.

Sandro Pertini
Fonte: Presidenza della Repubblica Italiana.

Creio que aquele dia representou também o fim do Partido Comunista Italiano, como foi na Itália, com toda a sua extraordinária originalidade. [...]
Se me perguntarem o que faltou à Itália com a sua morte, eu respondo que talvez tenha faltado a sua capacidade de oferecer uma esperança a milhões de pessoas.[23]

Norberto Bobbio nos conta:

Quando em 11 de junho de 1984 morreu Enrico Berlinguer, fui convidado a participar da cerimônia, aqui em Turim, na praça San Carlo, tomada pela multidão. Naquela ocasião, ao falar do elogio que se rende

---

[23] BERLINGUER, B. Mio padre. *In*: VELTRONI, *op. cit.*, p. 57-58.

aos adversários diante da morte, eu o comparara à homenagem que o vício rende à virtude. Um mês depois, Sandro Pertini, presidente da República, nomeou-me senador vitalício. Entre os telegramas de congratulações, havia um de Pajetta, da direção central do PCI, que dizia: – Esta é a homenagem que a virtude rende à virtude.[24]

Berlinguer deixa uma Itália "hedonista e vulgar". São os anos da Milão para aproveitar, da afirmação "cultural" do modelo berlusconiano, dinheiro e sucesso, os anos de uma política de senhores, arrogante e famélica. Os anos mentirosos do desempenho, depois daqueles anos horríveis da violência política de um inverno que não terminava mais.

Pobre país, sempre presa dos excessos. A fragilidade da nossa cultura nacional, a maldição de uma comunidade fraturada em duas partes, a ausência de uma mentalidade liberal sólida e, com essa, a religião das regras, tem produzido uma quase infantil disponibilidade de satisfazer ciclicamente demagogos e prepotentes, qualquer um que fosse capaz de anunciar um mundo diferente sem romper o equilíbrio doentio, consolidado em decênios de cínica pacificidade das autoridades públicas.

Será a Itália que conhecerá nos anos sucessivos, a Lega e Berlusconi, o fim de todos os partidos envolvidos na própria imoralidade pública e, depois, a instabilidade crônica até [...] sucesso de Grillo e a impossibilidade de ter um governo.[25]

Elena nunca mais sorriu. Apenas quando estava com seus netos eu notava, às vezes, um pouco da alegria que ela irradiava antes da tragédia.

---

[24] BOBBIO, *op. cit.*, p. 118.
[25] VELTRONI, *op. cit.*, p. 7.

Alguns eram comunistas por acreditarem de poder estar vivo
 e feliz,
Somente se os outros também estivessem.
Ou eram comunistas por terem necessidade de um impulso
 na direção de alguma coisa de novo,
Por que sentiam a necessidade de uma moral diferente
De uma força, de um voo, de um sonho.
Era apenas um ímpeto, uma vontade de mudar as coisas,
 de mudar a vida.
Alguns eram comunistas porque, em companhia, este ímpeto
 individual era como fazer mais dele mesmo:
Era como duas pessoas em uma.
Numa parte a fadiga cotidiana de cada um
E na outra, a sensação de pertencer a uma raça
Que queria se lançar para o voo.
Para mudar verdadeiramente a vida.
Não, nada de pesar.
Talvez naquele momento muitos tinham aberto as asas,
Sem serem capazes de voar,
Como hipotéticas gaivotas.
E agora?
Também agora há quem se sinta como em dois
Numa parte, um homem integrado
Que atravessa com respeito a miséria da própria
sobrevivência cotidiana.
E na outra a gaivota, sem nem mesmo a intenção de voar.
Porque agora o sonho está parado.
Duas misérias em um só corpo.

Giorgio Gaber

O tempo que passa

PDS

No final dos anos oitenta, completamos vinte cinco anos de casados. Eu gostaria de ter comemorado essa data ou em Verona, naquele restaurante da Piazza dei Signori ou em Trastevere, com os amigos de Roma. Mas faltou coragem de falar para a Elena. Apesar de a nossa vida ter transcorrido em paz, a Elena não queria ouvir falar em festas. Preocupava-se com o caminho que a Itália parecia estar percorrendo, com os acontecimentos do Leste, e não tinha mais aquela alegria, aquela disposição para entregar-se aos outros.

Fomos para a Argentina, passar a data com a nossa filha e com a neta que lá crescia. Comentei com alguns amigos da nossa viagem e, qual a surpresa, vários deles foram para Buenos Aires comemorar conosco. Minha cunhada Cláudia, o marido, alguns casais amigos de Roma e dois antigos colegas do tempo do ciclismo em Verona.

O telefonema que recebemos do meu pai à noite, o único sobrevivente da velha guarda, e o comparecimento de tantos amigos, nos fizeram esquecer do tempo que passa.

Quando em férias, nas datas festivas ou simplesmente para descansar, invariavelmente tomávamos o rumo do Sul.

Não só para Bari, onde Elena gostava de caminhar ou simplesmente passar as horas na Piazza del Ferrarese ou no porto, quem sabe para matar a saudade da infância com a família, mas em quase toda Puglia, com suas paisagens incríveis, seu mar maravilhoso e suas cidades barrocas.

Outro local que frequentávamos era Amalfi. Sua praça, sua igreja e seu povo amável nos faziam retornar sempre que possível.

As cores do mar de Amalfi, suas lindas paisagens, as cidadezinhas vizinhas, com seus personagens urbanos, e Capri nos fascinavam e exerciam sobre nós grande atração.

A Elena voltava sempre a Paestum, sítio arqueológico abandonado há mais de vinte séculos, não por guerras ou acidentes e por isso muito bem conservado. Certa vez assistimos por acaso, ao vivo, a uma aula de alguma universidade americana, sentados nos degraus daqueles maravilhosos templos.

Quando todos os que se identificavam com o PCI foram chamados para optar, ou não, por uma mudança radical, Elena enfrentou os fatos com calma. Lembro que uma noite, nos jardins do Hotel Athena, em Agrigento, mais precisamente no Vale dos Templos e tendo ao fundo os templos iluminados em meio a quase infinitas oliveiras, a uma semana da decisão que se mostraria correta, Elena me perguntou:

– Como achas que Berlinguer votaria?

Diante do meu silêncio, pois, realmente, não soube o que responder, ela continuou:

– Ele acompanharia a decisão da maioria. Fosse qual fosse.

E com a Elena foi assim. Ela nunca questionaria uma decisão do Partido. Não abandonaria suas ideias, sua história. Seria sempre do Partido de Gramsci, de Togliatti, de Berlinguer. Achille Occhetto e Walter Veltroni para Elena foram importantes, fundamentais, mas para ela o secretário-geral do Partido Comunista sempre será Enrico Berlinguer.

Elena a Paestum
Fonte: arquivo do autor.

Ele nos ensinou:

Na evolução e na conduta do partido que [...] se tornara gramsciano, entram de fato, mas não unicamente, Marx, Engels e Lenin, e também Machiavelli, Vico, Cavour, Antonio Labriola, a ideia meridionalista; mas entram sobretudo o estudo atento das forças que se movem e se chocam na sociedade italiana e mundial e o esforço contínuo para manter sempre – nas condições existentes – a ligação mais sólida e ampla possível com o movimento concreto das massas trabalhadoras e populares. E a visão da história do nosso país e do mundo, não como a história de grupos de intelectuais ou de grupos dominantes, mas das classes subalternas e dos povos que lutam para renovar a sociedade nacional e libertar a inteira humanidade.[26]

O que aconteceu na Polônia nos induz a considerar que a capacidade propulsiva de reformas das sociedades do Leste Europeu, chegou ao seu esgotamento. Esta capacidade data do início da Revolução Socialista de Outubro. E o Oeste está agora profundamente ligado aos valores da liberdade e da democracia.

E então a questão é como levar o PCI para além daquela tradição política que se declarava conclusa. E Berlinguer estava totalmente convencido dessa realidade.

Para onde levar a força popular e política do PCI depois da ruptura com a URSS? Poderia aquele partido, ficando o mesmo, tornar-se parte orgânica da família do socialismo?

Essa pergunta Berlinguer, que da tradição do comunismo italiano era o mais avançado, não quer ou talvez não possa respon-

---

[26] BERLINGUER, E. Leninismo e "legittimazione democratica" del Pci. *In*: GOTOR, *op. cit.*, p. 96.

der. Mas quando, cinco anos após a sua morte, a crise mortal do mundo comunista chegou ao fim, aquele PCI deixado em herança por Berlinguer foi o único a encontrar na sua bagagem a força e as ideias para uma mudança radical.

O jovem grupo dirigente do PCI foi colocado diante de uma escolha dramática. E tomou a decisão correta. O mérito foi a coragem de Occhetto, que tomou para si a responsabilidade de afirmar que aqueles fatos não poderiam mais ser considerados como episódicos, mas confirmavam definitivamente que, na realidade da história, a grande utopia humanista do comunismo se transformou num sistema autoritário que cancelou o primeiro dos direitos – a liberdade dos cidadãos.

E justamente porque o PCI teve Gramsci na sua origem e Berlinguer no seu epílogo, pôde evitar o destino de todos os partidos comunistas do Ocidente. Se o fim do comunismo como realidade e como utopia não aconteceu na Itália, foi mérito de um partido que tinha dentro de si o germe da cultura crítica e uma crença autêntica nos valores da liberdade.

Tornou-se então possível um governo de esquerda democrática para o país. Definir-se *democrático* foi o melhor modo para fazer valer nossos valores de verdadeira liberdade e reformismo.[27]

Nessa mesma época, Norberto Bobbio, em uma entrevista, afirma:

---

[27] Adaptado de: VELTRONI, *op. cit.*, p. 34-37.

> Com a queda do muro não desaparece a esquerda. Desaparece a esquerda que, perseguindo o ideal do igualitarismo, atuará de modo repressivo e despótico. Na Itália existe outra esquerda, que não tem nenhuma semelhança com a anterior. Na democracia todos serão igualmente livres. Igualmente: o advérbio é fundamental. Essa igualdade requer o reconhecimento dos direitos sociais, a começar pelos essenciais (instrução, trabalho e saúde), que tornam possível o exercício do direito à liberdade. Os direitos sociais, o compromisso de satisfazê-los e defendê-los, eis o critério fundamental para distinguir a esquerda da direita.[28]

E tudo isso nasce, também, e muito, da originalidade histórica, cultural e política do PCI que Berlinguer moldou com coragem inovadora.

Em fevereiro de 1991, no vigésimo congresso em Rimini, o PCI delibera a sua própria dissolução, com 807 sim, 75 não e 49 abstenções. Nasce o PDS.

Cinco anos após, em abril de 1996, a esquerda, numa coalisão de centro-esquerda, comandada por Romano Prodi, derrota a direita e os separatistas.

Em maio de 2001, a direita volta a vencer as eleições políticas. É a alternância dos partidos no poder, característica de uma democracia normal, que Berlinguer tão arduamente buscava.

Em abril de 2006, a centro-esquerda de Romano Prodi derrota a direita nas eleições gerais. A alternância proposta por Enrico Berlinguer, está novamente acon-

---

[28] BOBBIO, *op. cit.*, p. 118-119.

tecendo. Não existe mais uma parte das forças políticas excluídas da possibilidade de alcançar o poder. Ex-filiados do PCI são nomeados ministros, presidente do Conselho de Ministros e, inclusive, com Giorgio Napolitano eleito presidente da República Italiana.

Foi nessa época que começaram a se manifestar os primeiros sintomas da doença da Elena. No início notava-se apenas sua pouca disposição. Perdeu a vontade de brincar com os netos, de sair à noite e de passar horas conversando sobre política. Em pouco tempo, não queria mais receber visitas. Apenas os amigos mais íntimos e familiares eram por ela recebidos. E tudo se passou muito rápido. Em menos de um ano, estava tudo acabado.

Não foi nada fácil, para mim e para os meus filhos. Deixou um vazio imenso, que sabemos não será mais preenchido. E um exemplo. De não perder a esperança. De acreditar. De ter certeza de que, apesar de eventuais reveses, o horizonte está cada vez mais perto.

Mosca, la Cattedrale di Cristo Salvatore e il fiume (Сергей Герасимов).
Fonte: Coleção do autor.

Encontro

MOSCOU I

Em outubro de 2017, depois dos necessários vistos consulares, e dos bilhetes da Aeroflot, da escolha do hotel e de fazer as malas, eu e meu neto partimos para aquela viagem sempre adiada. Por que a Elena nunca se permitiu esse encontro? O que nos levou, apesar das inúmeras vezes que programamos e da vontade de visitar seus incríveis locais históricos, a não visitar Moscou?

Para Elena, eu não tenho dúvidas, Moscou era o centro do mundo. Posso imaginar o que ela sentiria ao caminhar nos Jardins de Alexandre. De assistir à troca da guarda no túmulo do Soldado Desconhecido. Ao visitar o Kremlin. Ao passear na Praça Vermelha.

Teria sido medo? De uma desilusão? A propaganda negativa sempre foi intensa, implacável, nunca interessada na verdade. E a verdade é que Moscou, a maior cidade da Europa, é uma cidade maravilhosa. Assim como seu povo. Inimitável, diferente. Em nenhuma cidade europeia, a história do século XX vai estar mais presente. Em nenhum outro lugar será tão comemorada a vitória da civilização contra a barbárie. O aniquilamento do nazifascismo. E em nenhuma outra cidade está tão claro o que foi o poder autoritário e distante do povo da aristocracia tzarista. E o porquê do seu inevitável fim.

Não estava errado quando decidi visitá-la. Sabia que não me restava muito tempo e agora meu neto poderia me acompanhar. Já era um jovem determinado, inteligente. Eu estava seguro de que ele poderia enfrentar outra cultura, outra língua, outro mundo. Sim, outro mundo. Para os europeus ocidentais, a Rússia, apesar de europeia, foi vítima, durante décadas, de uma brutal campanha de desinformação, o que infelizmente ainda hoje a torna distante da compreensão de um europeu ocidental médio.

Só não tinha certeza da reação do meu coração. Como iria enfrentar a chegada na Praça Vermelha? A visita ao Kremlin? O passeio pela Praça Pushkin? Como seriam as tardes nos cafés com sacadas no Gum, com vista para a Praça Vermelha? Como seria tudo isso sem a Elena?

Naqueles dez dias de um lindo outono ficamos hospedados num pequeno hotel não muito distante dos jardins dos Boulevards Strastnoy e Tverskoy. E diariamente íamos a um café simpático, muito bem localizado, para nossas caminhadas, com muitas opções saborosas.

Meu neto tinha se preparado para a viagem, sabia com propriedade se deslocar nos labirintos do metrô, ler os cardápios e se comunicar quando necessário. E tenho certeza que a Elena nos acompanhava. Encantada.

MOSCOU II

Passados dois anos, convidei meu neto para uma outra viagem. Desta vez iríamos a San Petersburgo e voltaríamos a visitar Moscou. E agora o mês escolhido foi maio. Como serão as cores do Jardim de Alexandre na primavera?

Em San Petersburgo, apesar de sentir alguma dificuldade para grandes caminhadas, estivemos em todos os parques, igrejas e locais históricos. No Hermitage, o dia foi pequeno. Impressionante a quantidade de maravilhas que são colocadas ao olhar do visitante. E depois de uma pequena viagem pelo rio Neva, chegamos a Peterhof. A riqueza e beleza das edificações e a grandiosidade dos jardins impressionam. Podemos imaginar o luxo, a riqueza, o poder dos tzares.

Apesar de impossível conhecer San Petersburgo numa única viagem, o nosso hotel, localizado na Admiralteysky Prospekt, nos permitiu, sem grandes deslocamentos, conhecer vários locais históricos dessa heroica cidade, que não se rendeu ao exército nazista ao custo de 1.500.000 vidas soviéticas.

Em Moscou, voltamos para o mesmo hotel, os mesmos passeios, para a mesma emoção. Eu queria estar presente na festa que comemorava a vitória da União Soviética na Segunda Guerra.

Matteo não comentou, mas, com certeza, pelas nossas conversas, pelos meus silêncios, pela minha vontade de permanecer nas ruas no dia da vitória, ele compreendeu que lá, mais que em qualquer outro lugar, Elena estava ao meu lado.

Meu avô parecia outro homem. Mais jovem, alegre. Voltou a usar gravata, o que não fazia desde sua aposentadoria. Fez questão de voltar a todos os parques, museus, ficou horas admirando as flores do Jardim de Alexandre e relutou em voltar para o hotel na noite do Dia da Vitória. Quis passar uma tarde na Praça Vermelha e jantar no restaurante italiano do Gum, onde falou com muitas pessoas. Estava se despedindo. Alguns meses depois partiu para encontrar a sua Elena na terra do esquecimento.

2021

Se vovó Elena nunca mais foi a mesma e só sorria quando na presença dos netos, meu avô Andrea passou a viver muito mais de lembranças. Conforme envelhecia e ainda mais depois do falecimento da vó Elena, suas conversas, desejos, amigos, locais, seus interesses eram quase todos lembranças do passado. Passava horas descrevendo-os, analisando-os, enquanto os acontecimentos dos dias atuais não lhe causavam o mesmo impacto.

E aqui nesta biblioteca, vendo ao longe uma curva do Tibre no nevoeiro, lembro dos livros abertos, desalinhados, alguns espalhados sobre a mesa, outros tantos nas estantes, muitos com capas coloridas, e do nonno Andrea, sentado na poltrona, lendo, ou de olhos fechados, sem nunca impedir as minhas travessuras, senti já ser tempo de abrir o meu arquivo. O arquivo da memória: Vovó Elena, eu creio, preferiria que este arquivo ficasse esquecido, numa gaveta qualquer. Ela não iria suportar bem tantas lembranças. Acho que ficaria ainda mais triste. Mas o nonno me apoiaria. Por que não reviver tempos tão felizes? Tempos de muita esperança. E que apesar das baixas, das tragédias, são, sem dúvida, a parte boa da nossa história.

Tenho muito material para isso. Incontáveis horas ouvindo suas histórias. Do encontro com a Elena, naquele distante sábado de uma serena primavera na Valpolicella. Do amor à primeira vista. Do mágico jantar na Piazza dei Signori. Do rigor ideológico da vovó. Da amizade com Enrico. Do carisma e simplicidade do nosso maior político. Da sua humanidade. E tudo nos mínimos detalhes.

Posso, portanto, voltar no tempo sem medo, voltar a viajar para a Argentina com meus avós. Voltar a passear por Buenos Aires com meus primos. Voltar a visitar Verona. Passear na Piazza Erbe e saborear um Amarone na Antica Bottega. Subir a via Marsala, que era onde viviam os Mancini. Voltar àqueles tempos, alguns que eu não conheci, mas que estão sempre presentes.

Esses tempos vividos por eles, nossas conversas, suas lembranças e os livros da biblioteca, me mostraram que, se evoluímos, nunca foi pela vontade dos conservadores. Por eles estaríamos ainda com algum Rei Sol, com escravos e com o capitalismo selvagem do século XIX.

Na leitura daqueles livros compreendi como foi difícil chegar até aqui. Quantas mortes, revoluções, guerras. Avançar é um processo demorado, e a reação é sempre violenta. Eles nunca tiveram limites. Com extrema covardia assassinaram Matteotti. Foi necessário enfrentá-los com determinação. Matá-los em Stalingrado e Kursk. Na Guerra Civil Americana. Suportar sua vitória de Pirro na Guerra Civil Espanhola. Mao precisou derrotar o imperialismo inglês e seus títeres. Lenin teve que dar um fim nos Romanov e na sua corte indecente. Mandela amargou uma vida na cadeia. Os conservadores de sempre assassinaram Kennedy, Martin Luther King e Allende. Não foi nada fácil chegar até aqui.

Aqueles livros me ensinaram que a imigração sempre nos entregou progresso, novas ideias e desenvolvimento. Aqueles livros também me mostraram que o capitalismo e suas repugnantes variáveis, o colonialismo, o imperialismo e a escravidão, mataram e continuam matando muito mais, muitas vezes mais seres humanos que o socialismo, e sem razão, a não ser a da acumulação doentia de mais riquezas, para poucos, enquanto bilhões de pessoas padecem de fome, de analfabetismo e da ausência de qualquer futuro. Bem ao contrário da intensa divulgação que agora está sendo feita pelos mal-intencionados em mais uma das suas incontáveis farsas mentirosas.

Naquela biblioteca os livros também me mostraram que as guerras foram sempre feitas em nome de nacionalismos idiotas, irracionais. Ou então em nome de algum deus inexistente, que era sempre maior que o do outro, esse também inexistente. E que os jovens e os pobres foram sempre suas maiores vítimas.

Mas me deram também a certeza de que as Elenas, os Enricos e os Andreas, que são milhões, vão continuar lutando por um mundo melhor.

Vamos ao campo
E não os vemos ao nosso lado, no plantio.
Mas no tempo da colheita, lá estão
E acabam por nos roubar
Até o último grão de trigo.
Dizem-nos que de nós emana o poder,
Mas sempre os temos contra nós.
Dizem-nos que é preciso
Defender nossos lares,
Mas se nos rebelamos
Contra a opressão
É sobre nós que marcham os soldados.
E por temor eu me calo,
E por temor aceito a condição
De falso democrata
E rotulo meus gestos
Com a palavra liberdade,
Procurando, num sorriso,
Esconder minha dor
Diante dos meus superiores.
Mas dentro de mim,
Com a potência de um milhão de vozes,
O coração grita – MENTIRA.

Maiakovski

Labirinto

Não terá nunca uma porta. Estás dentro.
E a fortaleza contém o universo
E não tem verso nem reverso
Nem externo muro, nem secreto centro
Não esperes que o rigor do teu caminho,
Que fatalmente se bifurca em outro
Terá fim. É de ferro teu destino
Como teu juiz. Não esperes a investida
Do touro que é um homem e cuja estranha
Forma plural dá horror ao emaranhado
Da interminável pedra esculpida
Não existe. Nada esperes. Nem sequer
No negro crepúsculo a fera.

J.L. Borges

Personalidades citadas

Achille Occhetto
(1936) Torino, Itália
Secretário-Geral do PCI (1988-1991)

Adolf Hitler
(1889-1945) Áustria
Chanceler da Alemanha (1934-1945)

Alberto Franceschini
(1947) Reggio Emilia, Itália
Fundador das *Brigatte Rosse*

Alcide De Gasperi
(1881-1954) Pieve Tesino, Itália
Presidente e Primeiro-Ministro da Itália
Considerado um dos pais fundadores da Europa, com Konrad Adenauer, Robert Schuman e Jean Monnet

Aldo Moro
(1916-1978) Maglie, Itália
Primeiro-Ministro e Líder da Democracia Cristã italiana

Amadeo Bordiga
(1889-1970) Ercolano, Itália
Fundador do Partido Comunista Italiano e crítico ao regime da URSS

Aníbal Troilo
(1914-1975) Buenos Aires, Argentina
Músico

Antonio Gramsci
(1891-1937) Sardegna, Itália
Filósofo, crítico literário, linguista, historiador, jornalista e político
Fundador do Partido Comunista Italiano

Antonio Labriola
(1843-1904) Cassino, Itália
Filósofo e teórico marxista

Astor Piazzolla
(1921-1992) Mar del Plata, Argentina
Compositor e maestro

Benedetto Croce
(1866-1952) Pescasseroli, Itália
Filósofo, historiador e político

Beppe Grillo
(1948) Genova, Itália
Comediante e político italiano
Fundador do Movimento Cinco Estrelas

Berto Barbarani
(1872-1945) Verona, Itália
Poeta

Bettino Craxi
(1934-2000) Milano, Itália
Político, Primeiro-Ministro de 1983 a 1987
Secretário-Geral do Partido Socialista

Bianca Berlinguer
(1959) Roma, Itália
Jornalista

Camilo Benso, Conde de Cavour
(1810-1861) Torino, Itália
Político, Primeiro-Ministro do Reino da Itália (1861)

Dante Alighieri
(? -1321) Firenze, Itália
Escritor, poeta e político
Considerado o primeiro e maior poeta da língua italiana

Ernesto Sábato
(1911-2011) Rojas, Argentina
Escritor, ensaísta e artista plástico

Éric Vuillard
(1968) Lyon, França
Escritor e diretor de cinema

Eugenio Scalfari
(1924) Civitavecchia, Itália
Político, deputado do PS, fundador e editor do *La Repubblica*

Federico Fellini
(1920-1993) Rimini, Itália
Diretor de cinema

Friedrich Engels
(1820-1895) Barmen, Alemanha
Empresário, teórico revolucionário, fundador do Marxismo com Karl Marx

Georg W. Hegel
(1770-1831) Stuttgart, Alemanha
Filósofo

Giambattista Vico
(1668-1744) Nápoles, Itália
Filósofo, político e jurista

Giancarlo Pajetta
(1911-1990) Torino, Itália
Político. Representante da Itália na Internacional Comunista
Partigiano da Brigada Garibaldi

Giacomo Matteotti
(1885-1924) Fratta Polesine, Itália
Político, socialista italiano. Assassinado pelos fascistas após denunciar fraude na eleição parlamentar de 1924

Giorgio Napolitano
(1925) Nápoles, Itália
Político filiado ao PCI. Atual senador vitalício
Décimo-primeiro Presidente da República (2006-2015)

Giulio Andreotti
(1919-2013) Roma
Político, Primeiro-Ministro e Líder do PDC

Giuseppe Garibaldi
(1807-1882) Nizza, Reino de Savoia
Almirante Republicano, general
Herói da unificação italiana

Henri Lefebvre
(1901-1991) Hagetmau, França
Filósofo marxista e sociólogo

Horacio Salgán
(1916-2016) Buenos Aires, Argentina
Compositor e maestro

John F. Kennedy
(1917-1963) Brookline, Estados Unidos
Presidente dos Estados Unidos. Herói da Guerra no Pacífico

Karl Marx
(1818-1883) Trier, Alemanha
Filósofo, economista, historiador e revolucionário socialista

Leopoldo Federico
(1927-2014) Buenos Aires, Argentina
Músico e compositor

Letizia Laurenti Berlinguer
(1928-2017) Sassari, Itália
Esposa de Enrico Berlinguer

Luigi Bettazzi
(1923) Treviso, Itália
Prelado Católico, Bispo de Ivrea

Luigi Tenco
(1938-1967) Cassine, Itália
Músico e compositor

Mao Tse Tung
(1893-1976) Xiangtan, China
Político, teórico marxista e revolucionário
Presidente da China

Martin Luther King
(1929-1968) Atlanta, Estados Unidos
Pastor e ativista político

Micòl Finzi-Contini
(1920?-1942?) Ferrara, Itália
Personagem feminina do livro de Giorgio Bassani, *O Jardim dos Finzi-Contini*

Mikhail Bakunin
(1814-1876) Tver, Rússia
Sociólogo, filósofo e revolucionário anarquista

Nelson Mandela
(1918-2013) Mvezo, África do Sul
Advogado, político e Presidente da África do Sul (1994-1999)
Prêmio Nobel da Paz

Néstor Marconi
(1942) Alvarez, Argentina
Músico

Nicolau Machiavelli
(1469-1527) Firenze, Itália
Filósofo, historiador, escritor e diplomata

Norberto Bobbio
(1909-2004) Torino, Itália
Filósofo, político, historiador
Senador vitalício da Itália

Osvaldo Pugliese
(1905-1995) Buenos Aires, Argentina
Compositor e pianista

Pablo Neruda (nascido Ricardo Reyes Basoalto)
(1904-1973) Parral, Chile
Poeta e político chileno
Prêmio Nobel de Literatura

Pablo Picasso
(1881-1973) Málaga, Espanha
Pintor, ceramista e escultor

Palmiro Togliatti
(1893-1964) Genova, Itália
Político e Vice-Primeiro-Ministro da Itália
Secretário-Geral do PCI de 1937 a 1964

Papa João XXIII (nascido Angelo Roncalli)
(1881-1963) Sotto il Monte, Itália
Papa de 1958 a 1963

Pier Paolo Pasolini
(1922-1975) Bologna, Itália
Cineasta, poeta e escritor

Pierre Joseph Proudhon
(1809-1865) Besançon, França
Filósofo, político e anarquista

Pietro Badoglio
(1871-1956) Grazzano, Itália
Diplomata italiano

Pietro Ingrao
(1915-2015) Lenola, Itália
Jornalista e político italiano
Presidente da Câmara de Deputados (1976-1979)

Pietro Nenni
(1891-1980) Faenza, Itália
Político, figura central da esquerda italiana (1950-1960)

Romano Prodi
(1939) Scandiano, Itália
Político e economista, Primeiro-Ministro da Itália
Presidente da Comissão Europeia

Romanov, Família
Segunda e última dinastia Imperial Russa
(1613-1917)

Salvador Allende
(1908-1973) Valparaíso, Chile
Político social democrata, Presidente do Chile

Sandro Pertini
(1896-1990) San Giovanni, Itália
Político socialista, Presidente da Itália
Partigiano condenado à morte pelo fascismo

Silvio Berlusconi
(1936) Milano, Itália
Empresário e político

Stefania Sandrelli
(1946) Viareggio, Itália
Atriz

Vittorio Emanuele, rei
(1869-1947) Nápoles, Itália
Rei da Itália de 1900 a 1946

Vladimir Ilyich Ulyanov-Lenin
(1870-1924) Ulyanovsk, Rússia.
Político, Primeiro-Ministro da União Soviética de 1917 a 1924

Walter Veltroni
(1955) Roma, Itália
Político e jornalista italiano
Secretário-Geral do PD

REFERÊNCIAS DO FILME 4

BOBBIO, Norberto. *Diário de um século: autobiografia*. São Paulo: Companhia das Letras, 1998.

FASSINO, Piero. *Pd davvero*. Milano: Ed. La Nave di Teseo, 2017.

GOTOR, Miguel (org.). *Enrico Berlinguer: la passione non è finita*. Scritti, discorsi, interviste (1973-1983). Torino: Giulio Einaudi editore, 2013.

NERUDA, Pablo. *Confesso que vivi: memórias*. Rio de Janeiro: Bertrand Brasil, 2017.

SÁBATO, Ernesto. *Obra completa – Ensayos*. Buenos Aires: Compañía Editora Espasa Calpe/Seix Barral, 1996.

VALENTINI, Chiara. *Enrico Berlinguer*. Milano: Giangiacomo Feltrinelli Editore, 2014.

VELTRONI, Walter (org.). *Quando c'era Berlinguer*. Milano: Rizzoli, 2014.

VUILLARD, Éric. *A ordem do dia*. São Paulo: Editora Tusquets, 2019.